삶은 여전히 빛난다

LA SPLENDEUR DU MONDE
ⓒ Editions Stock, 2024
All rights reserved.
No part of this book may be used or reproduced in any manner whatever without
written permission, except in the case of brief quotations
embodied in critical articles or reviews.
Korean Translation Copyright ⓒ 2025 by Wisdom House, Inc.
Published by arrangement with Editions Stock, through BC Agency, Seoul.

이 책의 한국어판 저작권은 BC에이전시를 통해 저작권자와 독점계약을 맺은
㈜위즈덤하우스에 있습니다. 저작권법에 의해 한국 내에서 보호를 받는
저작물이므로 무단전재와 복제를 금합니다.

La Splendeur du monde

삶은 여전히 빛난다

로랑스 드빌레르 지음　이주영 옮김

무력한 일상에서 찬란함을 발견하는 철학

Laurence Devillairs

위즈덤하우스

추천의 말

* 이 책은 보는 책이다. 내 앞에 펼쳐진 광경에서 출발한 '보기'는 내 안을 그윽이 들여다보는 순간으로 마무리된다. 저자인 로랑스 드빌레르의 걸음걸음을 따라가다 보면 고통 속에서도 아름다움을 찾고 침묵에서조차 찬란함을 길어 올릴 수 있음을 알게 된다. 찬란함을 발견하는 사람도, 그것을 발휘할 수 있는 사람도 나다. 나를 향한 여정에서는 호기심이 마를 날이 없다. _ 오은(작가)

* 보는 사람으로, 찍는 사람으로, 그리고 전하는 사람으로서 어떤 찬란함을 갈망해야 하는 당위에 대해 늘 생각해왔다. 욕망하는 만큼 늘 그만큼의 죄책감이 따라왔기 때문에. 로랑스 드빌레르는 아름다움 앞에서 우리가 가질 수 있는 여러 태도를 이야기한다. 이를테면 주눅들지 않고 똑바로 서기, 육신과 영혼의 떨림을 온전히 마주보기, 격정 속에서 길을 찾기. 나는 이제 아름다움과 관계 맺음을 두려워하지 않고자 한다. 그것을 응시하는 일은 곧 세상을 제대로 감각하려는 태도이기에. 아름다움은 때로 우리를 먼 곳으로 데려가지만, 그 경험만이 우리를 완전히

바꾸고, 다시 제자리로 데려다 놓기도 하기에. 그 여정에 필요한 마음을, 이 책은 부드럽고 단호하게, 빛 속에서 말하고 있다. _ **정멜멜**(사진가)

* 매일 같은 하루를 보내다 무심코 지나쳐 놓치는 보물이 있다. 바로 '아름다움'이다. 철학자 로랑스 드빌레르는 아름다움이야말로 삶에서 찾아내 느끼고 생각해야 할 마음의 정수라 말한다. 찬란한 아름다움은 그냥 예쁘기만 한 것이 아니다. 그동안 몰랐던 새로운 기쁨과 놀라움을 주고, 당장 보고 느낀 것을 설명하고픈 욕망에 불을 지핀다. 흑백이던 하루가 컬러로 바뀌는 감탄과 깨달음의 기쁨이 바로 찬란함이다. 오랜 항해에 지친 선원이 "육지다!"라고 내뱉는 그 심정같이, 아름다움을 찾은 자는 인생에 안도와 평온, 치유를 경험한다. 결국 구원의 여정인 것이다. 바쁘게 살다 어느덧 모든 게 뻔해져 권태에 찌든 자신이 싫어진 이들에게 등대가 되어줄 책이다. 지금도 늦지 않았다고. _ **하지현**(정신건강의학과 전문의)

프롤로그

오슬로 피오르의 노신사

Prologue

갑판 위를 걸어간다. 우리가 탄 배가 오슬로의 피오르 안으로 들어간다. 그야말로 고요함 그 자체다. 바다, 숲, 배가 있는 모든 풍경이 마치 무언가가 나타나기를 기다리는 것처럼 조용하다. 우리가 탄 배는 산과 산 사이를 미끄러지듯 통과하고, 마치 대성당 안에 있는 것처럼 침묵이 흐른다.

갑판의 난간에 기대어 서 있는 노신사가 앞을 바라본다. 눈앞에 보이는 풍경 외에는 그 어떤 것도 중요하지 않은 듯 노신사는 나에게 눈길조차 주지 않지만, 나는 노신사만 쳐다본다. 연약함과 아름다움을 동시에 지닌 이 노신사에게서 슬픔은 일체 느껴지지 않고, 반대로 온화한 분위기가 느껴진다. 그는 마치 세상이 전해주는 찬란함을 다시는 보지 못할 사람처럼, 어쩌면 마지막인 것처럼 눈앞의 풍경을 열심히 눈에 담고 있다.

살면서 중요한 순간이 서너 번 있었다. 지금도 그런 순간이 아닐까? 중요한 순간과의 만남은 서너 번이면 충분하다. 그런 순간들을 통해 인생의 비밀이 조금이나마 풀렸고, 인생의 위대함을 엿볼 수 있었다. 삶과 죽음이라는 건 늘 깊은 상처를 간직하기 마련이다. 살면서 받은 큰 상처는 그 무엇으로도 치유할 수 없고, 한순간에 모든 것을 끝내버릴 수도 있다. 하지만 그 모든 것이 사라져도 피오르, 바다, 숲은 계속 세상에 존재할 것이다.

지금 이 순간, 피오르의 풍경은 마치 하나의 왕국과도 같다. 우리는 이 왕국에 들어와도 좋다는 초대를 받았고, 이 풍경을 보며 깨닫는다. 나도 저 노신사도 인간이기에 영원히 존재할 수는 없지만, 지금 이 순간, 우리는 잠시나마 그 무엇과도 바꿀 수 없는 멋진 풍경을 직접 보고 있는 증인이라고.

우리가 탄 배가 이 아름다운 세상에 다가갈수록 눈에서 뜨거운 눈물이 흐른다. 마음이 점점 평온해지고, 그래서일까 계속 더 보고 싶다는 욕심이 생긴다. 이 세상은 모두 그럴만한 가치가 있다. 벌레를 품은 과일처럼 인생도 죽음을 품고 있는지도 모른다. 이렇게 생각하면 쓸쓸하기는 하지만, 그렇다고 사는 맛이 없어지는 것은 아니다. 눈앞의 풍경을 계속 붙잡고 있을 수는 없고, 행복한 순간도 시간이 흐르면 지나가는 것처럼 이 풍경도 언젠가는 눈앞에서 사라지겠지만, 그래도 멋진 풍경을 경험했다는 사실은 변하지 않으니까.

충동에는 두 가지가 있다고 프로이트는 말했다. 하나는 나 자신을 지키며 살고 싶다는 충동이고, 다른 하나는 자살하고 파괴하고 싶은 충동이다. 그야말로 에로스Eros와 타나토스Thanatos의 대결이다. 나는 여기에 아름다움을 추구하는 충동도 있다고 덧붙이고 싶다. 무언가를 열심히 보고 싶은 욕망이 있다는 것은 언젠가 그 대상이 우리 곁을 떠날 것이라는 확신이 있기 때문이다. 칼로스Kallos와 타나토스, 즉 아름다움과 죽음 같은 것들처럼 말이다. 오슬로의 피오르에서 마주친 노신사 덕분에 나는 눈을 크게 뜨고 주변 풍경에 깃든 찬란함을 보았고, 이 찬란함을 제대로 보는 법을 꼭 배우고 싶다는 생각에 더욱 초조해졌다.

실제로 우리는 아름다움과 만나는 역사적인 순간을 경험할 수 있다. 구원처럼 믿었던 발전, 평화, 편리한 기술, 종교를 통한 희망을 전부 잃었다고 상상해보자. 이 순간, 그나마 유일하게 남아 있는 위대하고 고귀한 존재는 '아름다움'일지 모른다. 아름다움은 우리의 귀와 미래의 길을 열어주는 존재니까.

아름다움은 전투적인 사람들을 필요로 하지 않는다. 아름다움을 보기 위해서는 말 그대로 따라줄 사람들, 다시 말해 경청할 준비가 되어 있는 학생들, 참여할 준비가 되어 있는 제자들만 있으면 된다. 아름다움은 우리에게 성장하고 교양을 쌓을 수 있는 가능성이라는 유산을 남겨준다. 아름다움을 경험하는 것은 해결책을 얻기 위해서도, 계몽하기 위해서도 아니다. 아름다움을 경험하기 위해 필요한 것은 단 하나, 온몸으로 느끼고 그 느낌을 말로 전하는 것뿐이다. 느낌 위에 말과 나눔이라는 풍요로움을 더하면 하나의 세상이 온전히 우리에게 열린다. 그 세상이 우리에게 말을 걸어온다.

우리는 그 어느 때보다 이 세상을 사랑할 의무가 있다. 단순히 이 세상이 약하기 때문에 우리가 돌봐주어야 한다는 뜻이 아니라, 우리가 이 세상에 빚을 지고 있기 때문이다. 세상은 우리에게 아름다움을 보여주는데 우리는 그 아름다움을 놓치고 있다. 시간이 없어서? 돈이 없어서? 피곤하고 지쳐서? 정신없이 이루어지는 도시화 과정에서 보존된 자연이 없어서? 아니면 우리가 볼 줄 몰라서?

우리는 명상, 변화, 자기계발에 좋다는 각종 정신적인 훈련을 하지만, 정작 우리의 감수성을 일깨워주고 자극하는 데 필요한, 아름다움을 보는 훈련, 아름다움을 배우는 교육에는 소홀하다. 본다는 것은 스스로 배워가는 과정이고, 우리의 감각, 육체와 지성이 서로 만나는 소중한 경험인데 말이다.

나는 이런 생각과 경험을 여러분과 나누고 싶다. 일상에서 주변의 아름다운 것에 관심을 두면서 나는 많이 달라졌다. 이는 가장 확실한 위로인 동시에 가장 즉각적으로 느낄 수 있는 행복이다. 세상이 지닌 찬란함이 지금 우리 눈앞에 있다. 이것이 내가 희망을 품는 마지막 이유 중 하나다.

찬란함이란 무엇일까? 전통적으로 철학은 아름다움과 숭고함을 구분한다. 아름다움은 즐거움과 흥분이라는 선물을, 숭고함은 놀라움을, 심지어 오싹함을 안겨준다. 아름다움과 숭고함을 체계적으로 구분한 철학자는 칸트다. 니체가 '위대한 중국인'이라고 부를 만큼 칸트는 난해한 글을 쓰는 것으로 유명한데, 그 칸트가 아름다움과 숭고함은 문화보다는 자연 속에 있다고 주장했다.

나는 아름다움과 숭고함에 이어 찬란함도 더해야 한다고 생각한다. 찬란함은 생각지도 못한 모습으로 놀라움을 안겨주기 때문에 아름다움처럼 예상되거나 익숙한 면은 덜하지만, 마치 숭고함처럼 우리를 조용하게 사로잡는다. 하지만 찬란함은 위압적이지 않다. 신성한 떨림도 아니다. 찬란함은 갑자기 켜지는 불빛, 이미 빛이 된 세상과 같다.

세상에는 인간의 손으로 만든 찬란함도 있고, 자연이 만든 찬란함도 있다. 바다의 푸른빛, 반 고흐의 그림, 북극의 빙산, 랭보의 시…. 하지만 찬란함은 세상이 합쳐놓은 것을 굳이 나누지는 말라고 당부한다. 자연과 문화, 살아 있는 사람과 죽은 사람, 과거와 현재, 숲과 도시, 생각과 말, 음악과 그림을 떼어놓지 말라는 것이다. 예술은 우리에게 자연을 보는 법과 예술 작품을 보는 법을 함께 가르쳐준다. 자연과 예술 작품은 손상되기 쉽고 독창적이라는 점에서 같다. 한편, 예술 작품은 관심 두는 법을 가르쳐주는 학교이자 우리의 눈을 갈고 닦을 수 있는 방식이라고 볼 수 있다.

    반복을 피하기 위해 '아름다움'이라는 단어도 적절히 사용하려고 한다. '아름다움'이야말로 내가 탐험하고 싶은 찬란함의 또 다른 표현이다. 아름다움은 예측할 수 없으며, 자신을 적극적으로 내보이지 않는다. 하지만 우리는 하늘의 한 부분, 색채의 대비, 세 개의 음표, 네 마디의 말처럼 작고 소소한 부분에서 이를 종종 찾을 수 있다. 이 아름다움이 강렬하게 표현된 것을 찬란함이라 하지만, 이는 숭고함이 지닌 극적인 면과는 거리가 멀다. 찬란함은 장엄하면서도 단순하고 순수하다. 찬란함과 만나면 사랑이 불타오를 때처럼 저돌적으로 변하지만, 동시에 마치 모든 것이 멈춘 것처럼 긴장되기도 한다. 나 역시 이런 경험을 했다. 이러한 찬란함을 보내준 세상을 나는 너무나 사랑한다.

Contents

추천의 말 · *004*

프롤로그 _ 오슬로 피오르의 노신사 · *006*

❶ **보는 행위** | 나를 나답게 만들어주는 온전한 경험 · *016*

❷ **지붕 위의 까마귀** | 자신만의 아름다움을 찾는 법 · *026*

❸ **빌리 엘리어트처럼** | 마치 감전되듯 만나는 아름다움 · *038*

❹ **스탕달 증후군** | 숭고한 찬란함이 주는 충격 · *046*

❺ **아름다움이라는 세계** | 존재한다는 느낌을 주는 초월적 공감 · *054*

❻ **밤의 새들** | 아름다움과 만날 기회를 주는 연습 · *064*

❼ **우리가 살아가는 땅** | 경계가 사라진 세상으로의 탐험 · *072*

❽ **세상의 모든 해바라기** | 오직 하나뿐인 귀한 예술 작품 · *080*

❾ **시스티나 성모의 침묵** | 시간이 연주하는 음악 · *092*

❿ **아름다움이 나를 부를 때** | 특별히 무엇이 될 필요가 없는 나 · *102*

⓫ **몽파르나스역의 칼새** | 이미 우리 옆에 존재하는 찬란함 · *112*

⓬ **팔레르모의 예배당** | 처음 간 여행지에서 느낀 향수 · *122*

⓭ **새로운 여행 철학** | 여행에 실패하는 방법 · *130*

⓮ **타두삭의 고래** | 희망을 경험하는 일 · *142*

❶❺ **찰나의 포착** | 세상의 숨겨진 얼굴 · *150*

❶❻ **바캉스와 로그아웃** | 본래의 나로 지내는 시간 · *160*

❶❼ **관광객 도보 금지** | 아무것도 안 할 자유 · *172*

❶❽ **아일랜드의 나무 한 그루** | 고통과 상처로부터의 찬란함 · *184*

❶❾ **잔디밭 출입 금지** | 아름다움에 닿지 않을 필요 · *192*

❷⓿ **베네치아 문제** | 찬란함에 대한 우리의 책임 · *200*

❷❶ **호기심이 쌓은 섬** | 아름다움을 보는 눈을 갖는 노력 · *208*

❷❷ **가보지 않은 길** | 현실에만 머무르지 말 것 · *218*

❷❸ **마음의 태양** | 모든 사람이 가진 빛나는 능력 · *228*

❷❹ **선한 모래알** | 세상에 아름다움을 더하는 용기 · *238*

❷❺ **여름밤의 향기** | 우리의 가능한 행복 · *244*

에필로그 _ 몬테네그로에서의 다이빙 · *252*

감사의 말 · *256*

찬람함을 더하는 이야기 · *258*

찬람함을 더하는 작품들 · *266*

주 · *268*

❶ 보는 행위

나를 나답게 만들어주는 온전한 경험

voir

나는 '절대로 사라지지 않는 것을 보고 싶다'는 갈망이 있다. 달빛 아래 반짝이는 바다, 이집트 룩소르의 모래 속에 묻혀 있는 람세스의 동상 조각, 석양으로 물든 북대서양 페로제도의 하늘에서 활기차게 춤추듯 날아다니는 갈매기떼 같은 것들 말이다. 8월의 어느 날, 나는 베토벤의 〈전원교향곡〉을 이루는 음표들이 마치 기도처럼 허공으로 올라가는 장면을 보았다.

북유럽 회화를 대표하는 화가 로히어르 판데르 베이던이 그린 〈최후의 심판〉을 세계 최초의 자선병원인 오스피스 드 본 Hospices de Beaune에서 보았다. 그림에서 본 천사의 하얀 옷이 반짝였다. 그때 나는 아버지와 함께 있었는데, 아버지와 단둘이 시간을 보낸 것은 무척 오랜만이었다. 멋진 그림 앞에 있으니 아버지와 함께하는 순간이 더욱 소중했고, 엄숙하게 느껴지기까지 했다. 우리는 한마디도 하지 않고 그림만 바라보고 있었는데, 문득 아버지가 내 손을 잡는 것 같았다. 어쩌면 아버지가 진짜로 내 손을 잡은 것일지도 모르겠다. 경험하기 전에는 알 수 없겠지만, 이렇게 찬란함과 만나면 성취감과 감동을 느낄 수 있다.

나는 그것을 직접 경험했는데, 그것은 단순한 인식이 아니라 동요에 가깝고, 단순히 눈에 보이는 것이 아니라 꽤 큰 충격을 준다. 보는 행위에는 후각뿐 아니라 청각, 심지어 촉각까지 모든 감각이 총동원된다. 판 데르 베이던의 그림에 표현된 불그스름한 하늘을 보고 있으면 불처럼 따뜻한 기운이 뺨에 전달되는 듯하다. 수 세기의 역사를 간직한 룩소르에서 모래가 날리는 허공 속 공기를 들이마시는 것, 베토벤의 부드럽고 웅장한 곡을 연주하는 것처럼 아름다움을 경험하는 것은 온전한 경험이다. 온전한 경험이란 단순히 눈과 감각의 힘으로 느끼는 것과는 다르다.

온전한 경험은 지성과 감성을 동원하는 행위다. 육감과 정신이 어우러져 감정이 생기고, 그 감정이 사유로 이어지는 것이 온전한 경험이다. 우리는 무언가를 보면 생각을 하는데, 이처럼 보는 행위가 사유하는 행위를 부른다고 볼 수 있다. 이 때문에 처음에 느낀 혼란스러운 감정이 지나가면 말을 하고 싶다는 생각이 든다. 아름다움을 접하면 정신이 움직이고 육체가 전율하는데, 이를 하나로 표현하는 동사로 내가 선택한 것은 바로 '보다'이다.

보는 행위는 육체와 영혼이 감동할 수 있는 능력이다. 아주 오래전부터 사용된 단어인 '영혼'도 보는 행위를 통해서만 의미를 갖는다. 아름다움을 보는 행위는 단순히 감탄하고 눈에 가득 담는 것으로 끝나는 것이 아니라, 마음에서 우러나오는 동요가 지속되는 것이다. 또한 이것은 풍경이나 그림처럼 단순히 나의 외부에 있는 무언가를 예찬하는 것이 아니라, 안에서 일어나는 변화를 느끼는 일이다. 찬란함이 가져다주는 놀라움이 바로 여기에 있다. 찬란함은 나에게 기쁨을 주고, 동시에 나를 사로잡고 가득 채운다. 불에 덴 상처처럼 흔적을 남기는 찬란함은 나의 기억을 덮는 옷감과 같아서 쉽게 잊히지 않는다. 내가 보는 것이 곧 나 자신이다.

이뿐 아니다. 만일 나의 초상화를 그린다면 살면서 본 모든 것이 떠오를 것이다. 어린 시절 밭에 있던 건

초더미에서 맡았던 냄새, 니체의 철학서를 처음 읽었던 날, 헤어진 연인과 다시 만났을 때 느꼈던 미묘한 고통…. 이 모든 것이 지금의 나를 만들었다. 그 순간, 내가 썼던 가면과 내가 맡게 된 역할이라는 굴레에서 차례로 해방되었고, 본질적이지 않은 것, 인위적인 것, 피상적인 것은 모두 하나씩 사라져갔다. 다른 사람들의 말과 습관 못지않게 납덩이처럼 무겁게 나를 짓누르던 사회적 모습에서도 벗어나 마음이 가벼워졌다.

아름다움을 경험한다는 것은 근본적으로 꾸며진 자기 자신을 내려놓는 일이다. 아름다움을 경험하면 내면, 자신이 하지 않은 말, 그리고 미처 몰랐던 자신의 모습과 마주하게 된다. 숨겨져 있던 자신의 존재, 즉 아름다움을 경험하지 않았다면 영원히 몰랐을 내 존재의 또 다른 모습이 드러나는 것이다. 이것은 나르시시즘과는 다르며, 취향이나 교육 문제도 아니다. 나는 예술가들 사이에서 자라지 않았다. 어릴 때부터 세계 여행을 해본 적도 없을 뿐 아니라, 어린 시절을 미술관에서 보내지도 않았다. 하지만 무언가를 보고 싶다는 욕망이 항상 나를 괴롭혔다. 이러한 욕망은 사회적 위치나 스스로의 확신,

경험했던 세상의 찬란함 중에
가장 기억에 남는 것은 무엇인가?
언제 아름다움을 만나 황홀감을 느꼈는가?
'기억에 남는 미적 경험'은
서너 번만으로도 충분하다.

인맥보다도 나를 나답게 만들어준다. 마치 나라는 존재를 타협하지 않는 단단하고 본질적인 것으로 되살려주는 것이 아름다움인 것처럼 말이다.

아름다움은 온전한 내가 머무르는 은신처와 같다. 항상 어슴푸레하지만, 아름다움을 전해주는 빛이 들어오는 독방과도 같은 이러한 나만의 공간은 이집트 신전 속 작은 성소聖所인 '나오스naos'를 떠올리게 한다. 에드푸 신전에서 나오스에 가본 적이 있는데, 나오스는 신의 동상이 보관되어 있어서 허락받은 사람들만 접근할 수 있는 아주 중요한 공간이다. 온전히 자신만의 공간인 '나의 나오스'는 내가 과거에 봤고 앞으로 보게 될 모든 것으로 이루어진다. 이는 나만의 아름다움이 만들어가는 정체성으로, 시민권이 부여하는 정체성보다 특별하다. 모든 시간이 모여드는 이곳에서는 과거에 아름다운 것을 본 기억이 현재에 되살아나고, 아직 발견하지 못했지만 벌써부터 보고 싶은 욕망이 생기는 무언가가 있는 미래를 향해 손을 내민다.

아름다움을 경험하면 잠들어 있던 나 자신, 획일화에 물들어 있던 나 자신, 스스로 통제하던 나 자신이 구원을 받는다. 1년, 아니 일주일 동안 반쪽짜리 나로 살았던 것이 몇 번이나 될까? 나 자신을 통제했던 적은 얼마나 될까? 얼마나 많이 다른 사람들이 생각하는 나 자신 또는 내가 보여줘야 한다고 생각한 나 자신에 스스로를 끼워 맞추려고 노력했을까? 찬란함과 만날 때마다 나는 진정한 나 자신으로 돌아온다. 내가 보는 것에 스스로를 맡길 때 나는 진정한 나 자신으로 존재할 수 있다. 내 영혼은 내가 바라본 것 위에 존재한다.

세상은 나에게 여러 형태와 색채를 빌려주었다. 모든 감각이 소용돌이칠 때면 그 어느 때보다 살아 있는 것 같다. 이제 '아름답다'는 하나의 슬로건이 된다. 무언가를 보고, 내가 본 것을 믿는다. 또 내가 본 것에 동의하고, 그것을 그대로 받아들이고 따른다. 우리의 기대를 과감히 뒤집고 아름다움에 대한 우리의 생각에 도전장을 내미는 현대 예술도 어떤 식으로든 우리의 존재를 무너뜨릴 수 있다.

그렇기 때문에 현기증이 날 때까지 보는 법, 열린 마음으로 보는 법, 자신과 세상 사이의 경계를 없애는 법을 배워야 한다. 그냥 둘러보는 것, 잠시 들르는 것, 몽상에 잠기는 것, 마음을 다잡는 것만으로는 충분하지 않다. 아름다움과 우연히 만나 정신을 빼앗기고 그 아름다움에 취해야 한다. 눈에도 성적인 감정을 일으키는 경향, 즉 심미적 에로티시즘이 존재하기 때문이다.

무언가를 완성하는 것이 목적이 되어서는 안 된다. 수없이 경이로운 자연, 그림, 조각을 만들어내는 것이 목적이 아니라, 몰입하고 우리를 사로잡는 것으로 채워가는 것이 목적이 되어야 한다. 적당히 아름다움을 느끼고 끝내서는 안 되며, 아름다움을 계속 보고 싶다는 욕망을 간직하는 것이 중요하다. 나는 보고 또 본다. 마음껏 본다. 이는 풍부함과 연결된다. 세상과 나 자신의 끝없는 결합과 같다고 할까? 이런 욕망은 질리지 않고, 오히려 그 반대로 보면 볼수록 더 보고 싶은 욕망이 생겨난다.

판데르 베이던의 그림 앞에 섰던 날이 다시 떠오른다. 아버지와 단둘이 있는 이 특별하고 친밀하고 아름다운 순간을 조금이라도 더 누리고 싶었던 것일까? 그곳을 떠날 시간이 되었을 때, 시선이 그림의 왼쪽에 멈추었다. 고딕식 현관문처럼 생긴 천당의 입구가 화염에 휩싸인 장면이었는데, 그전에는 미처 보지 못했던 것이었다. 행복과 영원함은 고요함과 평화와 같은 것이 아니라는 의미였을까? 아니면 오히려 반대로 행복과 영원함은 꺼지지 않는 불과 같다는 의미였을까?

지금 나는 내가 미처 보지 못한 것을 이야기하고 있다. 아름다움은 마음이 넓어서 일시적인 쾌락보다 무한하게 나를 채워준다. 그러니 여러분도 무언가를 바라볼 때는 진정한 사랑을 하는 것처럼 지치지 말고 해야 한다. 그러면 '아름답다'가 '감사합니다'처럼 마음속에서 깊게 울려 퍼질 것이다.

❷ 지붕 위의 까마귀

자신만의 아름다움을 찾는 법

corneille

※

"삶의 낙을 되찾아야 해요." 누군가에게 들었던 말이다. 그 무렵, 나는 그날이 그날인 것 같은 나날을 보내고 있었다. 마치 출구 없는 터널에 갇힌 기분이었다.

"우울증 같군요." 결국 나는 우울증 진단을 받고 말았다. 하지만 내가 잃은 것은 삶의 낙이 아니라 보는 기쁨이었던 것 같다. 무엇을 봐도 아무런 감흥이 없었다. 이 시기를 떠올릴 때면 아름다움을 보는 능력을 완전히 잃어버리고 괴로워하던 내가 보인다. 어디를 걸어도 황량한 길을 걷는 기분이었다. 아름다움이 사라진 거리는 황량함 그 자체였다.

아름다움을 보는 능력이 사라지자 '나'라는 존재도 더 이상 없었다. 내가 누구인지도 알 수 없었고, 나 자신이 이전과는 단절된 느낌이었다. 실제로 더 이상 앉아 있을 수도, 꼿꼿이 서 있을 수도 없어서 집 안에서도 벽에 기댄 채 바닥에 축 늘어져 있을 때가 많았다. 말 그대로 바닥에 딱 달라붙어 있었다. 어쩌면 동물과도 같은 상태였다고 할까? 어딘가로 숨어들고 싶은 오래된 본능 때문이었는지, 아니면 모든 것이 내 주변을 떠나자 '바닥'이라는 든든한 안전망을 찾으려 했던 것인지, 점점 더 혼자만의 시간에 빠져들었던 기억이 난다.

하지만 우연한 기회에 우울증에서 벗어나는 방법을 발견할 수 있었다. 맞은편 건물의 지붕 위에 까마귀 한 마리가 앉아 있었는데, 그 까마귀가 주변과 묘한 대비를 이루었다. 까마귀의 검은색 깃털이 지붕의 붉은색 기와와 대비되자 죽은 듯 정지되어 있던 석조 건물이 빛나기 시작했다. 세상의 풍경이 다시 그려진 것이었다. 건물의 선과 각도가 다시 생명을 얻었고, 비로소 나는 살아 숨 쉬는 존재들 사이로 돌아오게 되었다.

이 풍경을 제대로 관찰하기 위해 나는 자리에서 일어섰다. 마침내 스스로 일어난 것이다. 우울한 기분은 잠깐의 사고처럼 어느새 내 곁을 떠났다. 마치 연구실에서 이루어지는 실험 같다는 생각이 들었다. 우연히 눈에 들어온 풍경에 내 머릿속이 다시 강한 자극을 받으며 변화되는 실험 말이다. 스스로 불행하다고 느끼던 감정에서 벗어나니 세상이 다르게 보였다. 더 이상 굴곡도 색채도 없이 무미건조한 공간만 보이던 세상이 아니었다.

우울증은 아름다움을 놓쳐버리기에 비극적인 상태다. 우울증이 찾아오면 자신을 잃어버리기 때문이다. 그런데 아름다움은 강조하면 할수록 오히려 저 멀리 달아난다. 어쩌면 현대를 살아가는 우리의 불행도 여기에 있는지 모른다. 맛을 높이는 첨가제와 필터에 의존할수록 단순함이라는 묘한 매력이 안겨주는 찬란함은 온데간데 없어진다. 세련되어 보이려고 무언가를 과하게 동원할수록 오히려 개성이 사라져 밋밋해진다.

그러다 보면 미학이 아니라 박제 기술에 가까워진다. 세상을 향해 잠시 가만히 포즈를 취해달라고 한 다음에, 선물을 꾸미듯이 세상을 짚으로 채우고 바깥을 포장지로 감싸는 것과 같다고 할까? 지나치게 과한 것이 병이 될 때도 많다. 그림, 절벽, 석양 같은 것들을 그냥 있는 그대로 아름답다고 생각하면 될 텐데, 왜 현대인들은 그러지 못하는 걸까? 끝없이 '~해야 한다'는 강요를 받으며 살다 보니 아무런 목적 없이 무언가를 받아들이는 행위를 특별한 즐거움으로 느끼지 못하는 것 같다.

어쩌면 아름다움을 만드는 것은 예술가가 할 일이라고 반박하는 사람도 있을지 모른다. 그렇다고 해도 아름다움이 행동을 이끄는 최고의 동기인 것은 분명하다. 이 푸르름과 노란 빛, 이 생각과 저 생각, 이런저런 상상…. 이 모든 것이 정말로 우리가 스스로 생각해낸 것일까? 아름다움의 논리와 미학을 외부로부터 주입받은 것은 아닐까?

흔히 철학은 '왜 무언가가 존재하지 않느냐'가 아니라 '왜 무언가가 존재하느냐'라고 질문한다. 하지만 단순히 '왜 무언가가 존재하느냐'라고 묻기보다는 '왜 아름다움이 존재하느냐'라고 질문해야 하지 않을까? 화가, 철학자, 시인은 무언가를 창조할 때 하나로 합쳐지려고 하는 색채들, 즉 전하고 싶은 핵심적인 의미를 따른다. 마치 아름다움이 팔꿈치로 '툭' 밀며 은근히 권해주는 색채를 따라가듯이 말이다.

갑자기 놀라움을 안겨주는 것들이 있다. 화려한 사진, 깎아지른 듯한 절벽이 될 수도 있고, 평범한 석양이 될 수도 있다. 물론 여기서 진정으로 아름다움과 만나는 경험을 할 수도 있고, 하지 못할 수도 있다. 아름다움과 경이로움은 예술과 기교처럼 서로 다르다. 비유하자면 자연스럽게 보여주는 행위와 과장되게 보여주는 행위처럼 서로 다르다. 경이로움은 위험할 정도로 '키치kitsch(저속하고 조악한 모조품이나 기괴한 작품)'에 가깝다. 키치는 아름다움을 과장한다. 펄럭이는 장식, 리본, 술과 레이스를 달고 '얼마나 아름다운지 보세요'라며 과시한다.

하지만 일부러 눈길을 주는 것과 자연스럽게 보이는 것은 다르다. 보는 행위라는 게 그게 그거 아니냐고 생각할 수도 있겠지만, 전혀 그렇지 않다. 태도가 다르다. 일부러 눈길을 주는 것은 목적을 갖고 보는 부자연스러운 행위다. 무언가를 찾기 위해, 확인하기 위해, 끝없이 흥분을 맛보기 위해 바라보는 것으로, 공급과 수요의 법칙이 지배되는 계산적인 행위라고 볼 수 있다. 이와는 달리 자연스럽게 보이는 것은 상태에 가깝다. 우리는 종종 무언가를 확인하기 위해 본다. 그리스, 화가 요하네스 페르메이르, 베토벤처럼 알고 싶은 것이 있을

우상숭배자가 되어
보는 연습을 해보자.
무엇이든 상관없으니
아름다운 이미지를 찾아
오리고 붙이고
수집하며 스크랩북을
만들어보자.

때 목적을 갖고 보는데, 원하는 것을 얻으면 된다는 마음으로 본다고 할 수 있다. 지도는 자세히 보면서 길이 보여주는 것에는 관심을 두지 않고, 휴대폰은 뚫어지게 보면서 눈앞의 풍경은 관찰하지 않는다.

이처럼 우리는 아름다움이 품고 있는 무한하고 특별한 매력을 알지 못한 채 살아가고 있다. 아그리젠토에 있는 사원의 기둥이 하늘과 어우러져 만들어내는 특별한 건축, 페르메이르의 그림에 나오는 문을 물들인 빨간색…. 우리가 미처 보지 못하는 것은 대담함, 그리고 찬란함에 깃든 묘한 매력이다. 예를 들어, 페르메이르는 여성, 레이스, 우유장수는 물론 흰색 벽도 빛을 잘 활용해 생생하게 그린다. 일부러 눈길을 준다는 것은 무엇을 얻을 수 있느냐에 관심을 두는 행위인 반면, 자연스럽게 보이는 것은 세상이 주는 놀라운 것을 있는 그대로 느끼는 행위다.

찬란함은 특별한 매력이 있기는 해도 쉽게 눈에 띄지 않는다. 그래서 찬란함을 보려면 통찰력과 섬세함을 갖춰야 한다. 비유하자면 가만히 있다가 갑자기 세상이 선물해주는 것에 집중하는 능력과 같다. 찬란함은 예고 없이 찾아오는 사건과 같다.

찬란함과의 만남은 우연히 이루어진다. 그렇다고 찬란함이 꼭 거대한 것은 아니며, 반드시 형태와 색채의 조화를 뜻하는 것도 아니다. 오히려 찬란함은 디테일이다. 찬란함splendeur은 '광채'를 의미하는 라틴어 'splendor'에서 나온 것에서 알 수 있듯이 강렬함과 밝음이 특징이다. 반 고흐는 자신의 그림 〈오베르쉬르우아즈 성당〉의 '코발트블루'를 '순수'하고 '화사'[1]하다고 묘사하며 '찬란함'에 가까이 다가갔다. 빛나는 존재는 자신을 감싸는 세상에게, 그리고 자신을 알아봐주는 사람의 순간에 특별한 선물을 준다. 일종의 '오라aura'[2]다.

그런데 찬란함을 진정으로 눈에 담으려면 필요한 조건이 있다. 다른 사람이 정한 프로그램을 따르고 구분 짓고 라벨을 붙이고 싶은 욕망에서 해방되어야 한다는 것이다. 예를 들어, 이것은 인상주의고 저것은 사실주의라고 나눈다든지, 유명한 곳이니까 가본다든지, 상을 받은 소설이니까 읽는다든지 하는 욕망 말이다. 왜 그러는 걸까? 틀릴까 봐 무서워서? 올바른 방식으로 감상하지 못할까 봐 두려워서? 그렇다면 여기서 벗어날 수 있는 최고의 방법은 욕망을 죽이는 것이다. 나는 미학의 아나키즘anarchism을 추구한다. 무질서 속에서 아름다움을 발견한다. 반드시 걸작부터 봐야 한다고 생각하지 않기에 사람들이 꼭 보라고 하는 것에 연연하지 않고, 〈모나리자〉 그림에서도 모나리자의 미소가 아니라 그 뒤의 음울한 배경을 본다. 마치 세상의 시작 또는 끝을 상징하는 것 같은 그 음울한 배경을.

스스로 질문해보고 궁금해하고 개성을 좇는 것이 좋다. 모나리자 뒤의 배경은 왜 저렇게 표현했을까? 이렇게 눈으로 하는 탐험을 규칙적으로 해보자. 겁먹지 말고, 매뉴얼에 신경 쓰지 말고 자신만의 길을 가다 보면 귀한 것을 얻게 된다. 그러면 작품 속의 구절, 표현, 아이디어 등이 새로운 의미로 다가올 것이다. 자발적인 탐구력을 기르고 감각을 단련해보자. 칼날의 뾰족함, 지식의 단단함처럼 감각을 단련하고 몰개성에서 벗어나면 아름다움 안에 항상 개성적인 매력이 있음을 발견할 수 있다.

아주 어렸을 때부터 이렇게 아름다움에 대한 교육

을 받아야 한다. 이는 자유에 대한 교육이라고 할 수 있다. 느끼고 상상하고 묘사하는 법을 배워서 판단 능력을 단련해야 한다. 어쩌면 우리는 아름다움을 말로 표현하는 교육을 받지 않았기 때문에 아름다움이 상대적이라고 말하게 되었는지도 모른다. 그래서 아름다움을 단순히 취향의 문제, 막연한 감상의 대상으로만 좁게 생각하게 되었는지도 모른다.

세상의 찬란함을 더 이상 볼 수 없어 괴로웠던 시간, 나는 지금도 그 시간을 잊지 않고 있다. 세상의 찬란함을 본다는 것은 암호를 해독하듯이 주변을 탐색하는 습관을 말한다. 이렇게 아름다움에 몰입하는 연습을 자주 하다 보면 어느새 자기 자신을 잊고 현재 보이는 것에 완전히 집중하게 된다. 그러니 아름다움을 느낀 사진이 있다면 따로 스크랩해보는 것도 좋다. 이런 놀이가 아이들의 전유물이어야 할 필요는 없다. 나는 종종 일요일에 이런 놀이를 한다. 어떤 잡지든 상관없이 마음에 들면 오리고 붙이고 스크랩한다.

그러다 보면 마치 우상숭배자가 된 기분이 들기도

한다. 아름다운 이미지들을 숭배하는 사람 말이다. 이는 마치 일주일 동안 바쁘고 정신없이 지내느라 메말라 버린 감성을 다시 촉촉하게 적시고자 샘물로 향하는 마음과도 같다. 아름다운 것을 보고 싶어 갈증을 느끼는 내 눈은 마치 물을 필요로 하는 땅과 같다. 나만의 아트 테라피다. 나는 우울증을 앓던 때로 결코 돌아가고 싶지 않다. 아름다움을 보는 능력을 다시는 잃고 싶지 않다. 아무리 떠올려도 부끄럽지 않은 추억, 평범한 붉은색 지붕과 반짝이는 검은색 깃털의 까마귀가 어우러지던 풍경을 봤던 그 기억이 나를 다시 살렸다.

❸ 빌리 엘리어트처럼

마치 감전되듯 만나는 아름다움

électricité

새드 엔딩으로 끝나는 사랑 이야기도 언제나 시작은 좋다. 마침내 누군가가 우리의 이름을 불러주며 시작되는 이야기처럼, 이름을 불리는 순간, 우리는 아무개가 아니라 세상에 하나뿐인 매력적인 존재가 된다. 만남은 그저 형식이 아니라 확신이다. 처음부터 나와 상대방이 서로에게 특별한 존재임을 확인하는 것이 만남이다. 찬란함을 경험하는 것도 연애 감정과 비슷하다. 다만 상대가 세상이라는 점만 다를 뿐.

"아름답다"라는 표현은 건조한 나열이 아니라 선언이다. "아름다워"는 "사랑해"라는 고백처럼 울림을 준다. 그 말을 듣는 순간, 마음이 누그러지고, 제대로 설 수조차 없다. 그때 받은 충격은 이렇게밖에 표현할 수 없다. 혼자 있어도 "아름다워"라는 말을 큰소리로 외치게 된다고. 그 자체로 빛나는 말, 그동안 내 안에 갇힌 채 나오지 못한 바로 그 표현 "아름다워"를 말로 내뱉어보자. 마음을 다잡고 생각나는 대로 다시 말해본다. "아름다워", "나보다 강한 너, 사랑해."

"아름다워"는 너무나 강렬한 표현이라 고백하고 싶다는 마음조차 느끼지 못한다. 너무나 갑작스럽게 생각난 표현이라 자세히 설명하게 된다. 나는 아름다움에 지배당하고, 아름다움에 사로잡힌다. 아름다움을 이해하고 느낀 그대로 묘사하려면 잠시 시간이 필요하다. 신화에서는 사랑의 신이 '큐피드'라는 남자아이의 모습으로 나온다. 가장 좋아하는 놀이가 사랑의 화살을 쏘는 것이라니, 순수하기 그지없는 아이다. 찬란함도 마찬가지다. 찬란함이 갑자기 화살처럼 심장에 꽂힌다.

물론 이것은 흔한 경험이 아니다. 세상과 내가 마주하며 소통할 때만 이런 경험을 할 수 있다. 화살에 맞은 나는 약한 존재여서 나 자신만으로는 충분하지 않고 뭔가가 부족하다는 것을 깨닫는다. 로마, 나폴리, 피렌체와 같은 도시, 이 해변, 이 우울함 같은 것들. 아름다움을 보지 못했다면 어떻게 살아갈 수 있었을까? 아름다움을 본 이후에 나의 삶은 어떻게 바뀌었을까?

스티븐 돌드리 감독의 영화 〈빌리 엘리어트〉 속 빌

리의 말이 맞았다. 런던왕립발레단의 심사위원이 빌리에게 음악은 어떤 의미이며 왜 춤을 추냐고 묻자 빌리는 이렇게 대답한다. "모르겠습니다. 그냥 아름다워서요. 제 전부라서요." 영국 북동부의 탄광촌 더럼에서 광부의 아들로 태어난 빌리는 정식으로 예술 교육을 받은 적은 없지만, 아름다움을 가장 아름다운 방식으로 정의한 예술가 중 한 명이었다.

빌리는 춤을 추는 동안엔 모든 것을 잊는다는 것을 본능적으로 알고 있었다. "춤을 추면 저 자신이 사라지는 것 같아요." 빌리는 말한다. 자신이라는 존재를 규정하는 경계가 사라지고, 사회적 지위, 심지어는 성별도 사라진다. 그리고 빌리의 존재 방식도 달라진다. "몸에서 변화를 느낍니다. 몸이 불덩이로 변하는 것 같아요."

몸이 불덩이로 변하는 것 같다는 표현은 자유로운 삶을 갈망하는 마음이다. 이는 사랑에 빠질 때 느끼는 흥분과 비슷하다. 또한 '존재하고 싶어요. 보고 듣고 싶습니다'라는 결심과도 같은 말이다. 충만하면서도 산뜻하게 느껴지는 기쁨이다. 빌리는 이렇게 덧붙인다. "그냥 새처럼 나는 것 같아요."

어떻게 하면 찬란함을 더 많이 만날 수 있을까?
그 답은 자신의 신념과 자신이 좋아하는 것을
새롭게 채워나가며 영역을 넓히는 것이다.

계산하지 말고, 느끼고 보는 것을 겸손하게 관찰해야 한다.
만일 우리가 새로운 매력으로 나타난 풍경, 말, 그림에
관심을 두지 않으면 결국 아무것도 보지 못한다.
기껏해야 이미 알고 있는 것을 확인할 뿐이다.

그리고 빌리는 아름다움을 통해 느끼는 감정을 완벽한 표현으로 묘사한다. "마치 전기에 감전된 것 같아요."[3] 아름다움에 강하게 사로잡히면 마치 삶이 높은 전압에 감전된 것처럼 흘러간다고 느끼게 된다는 것이다. 아름다움을 봤다고 확실하게 느끼는 순간, 활력이 생기고 혈관이 부풀어 오르며 폐가 꽉 찬 느낌이 든다. 삶이 뜨겁게 이글거리면서 반짝이는 것으로 변해 내 몸 안을 구석구석 돌아다니는 느낌이다.

마치 다시 사랑이 찾아온 것처럼 충만함과 기분 좋은 놀라움이 느껴진다. 바로 눈앞에서 아름다움을 보고, 내가 항상 갈망했던 것이 아름다움이라는 사실을 깨닫는다. 간절히 원했던 것을 어느 날 갑자기 기적처럼 선물로 받는 것, 막연히 기다리기는 했어도 차마 기대는 하지 못했던 것, 이것이 바로 찬란함이다. 찬란함은 기쁨과 놀라움을 한번에 선물해준다.

이제 이런 질문을 해볼 수 있다. 어떻게 하면 찬란함을 더 많이 만날 수 있을까? 그 답은 자신의 신념과 자신이 좋아하는 것을 새롭게 채워나가며 영역을 넓히는 것이다. 계산하지 말고, 느끼고 보는 것을 겸손하게 관찰해야 한다. 만일 우리가 새로운 매력으로 나타난 풍경, 말, 그림에 관심을 두지 않으면 결국 아무것도 보지 못한다. 기껏해야 이미 알고 있는 것을 확인할 뿐이다. 우리는 정해진 프로그램을 따르기만 할 뿐 진정한 만남은 갖지 않는 게 아닐까? 베르사유 궁전을 다시 보자! 스카이섬을 다시 보자! 페르메이르의 〈우유를 따르는 여인〉도 다시 보자!

자신만의 재능이 없으면 그 누구도 사랑하지 못하고, 그 무엇도 볼 수 없다. 자신만의 재능이 있어야 가까이에 있는 것과 새롭게 결합해 그 누구도 따라 할 수 없는 특별한 존재가 될 수 있다. 이 작품, 이 장소, 그리고 내가 하나가 되고, 내가 보는 것이 생명력이 되어 전율하는 삶을 살게 된다. 그러면 생기 넘치는 활력이 선물로 주어질 것이다. 마치 승리처럼, 마치 날아오르는 것처럼, 마치 영화의 마지막에 빌리가 차이콥스키의 음악에 맞춰 추는 춤처럼 말이다. 일단 아름다움을 보고 마음에 전기가 찌릿 통하면 모든 것이 달라진다.

❹ 스탕달 증후군

숭고한 찬란함이 주는 충격

syndrome de Stendhal

스탕달은 피렌체에 있었다. 뙤약볕 아래 거리는 숨이 턱 막혔다. 하지만 스탕달이 괴로운 것은 폭염 때문이 아니었다. 피렌체라는 도시 그 자체, 그곳의 그림, 벽화, 문화 유적지 등 피렌체에 넘쳐나는 아름다움 때문이었다. "이성이 마비된 것 같았다. 마치 사랑하는 여인이 곁에 있는 것처럼 광기에 휩싸였다."[1] 실제로 아름다움을 경험하는 일은 "사랑해"라는 고백과 같다. 그것도 은근하고 이성적인 사랑이 아니라 열정적인 사랑에 가깝다. 단순히 "사랑해"라고 말하는 것과는 다르다. 좋아한다는 표현은 황홀함보다는 자신이 느끼는 기분에 가깝기 때문이다.

아름다움은 광기를 깨어나게 하는 충격이다. 모든 기준이 사라지고 일상이 멈춘 것 같은 혼란함, 평범한 일상의 어느 날, 신이 '휙' 지나간 것 같은 혼미함 같다고 할 수 있다. "숭고한 아름다움 앞에서 사색에 빠졌다. 그 아름다움을 가까이에서 봤다. 그러니까 그 아름다움을 만졌다!"[5] 스탕달이 외쳤다. 아름다움은 착하지 않다. 아름다움은 마음에 번민을 일으키기 때문이다. 이런 복잡한 아름다움을 온전히 받아들이면서 번민에 빠지지 않을 정도로 우리의 눈과 마음이 충분히 크고 넓지는 않은 것 같다.

기대도 하지 않았는데 너무 좋았던 장소가 있으면 가끔 그곳에 다시 가보곤 한다. '다시 가면 이전보다는 애정이 식겠지. 그러면 다시 마음이 차분해지겠지' 하는 기대를 갖고 말이다. 예를 들어, 잠시 피렌체를 떠나고 싶을 때면 아이슬란드에 간다. 그러면서 아이슬란드 날씨가 지난번처럼 갑자기 변하지 않기를 바란다. 폭풍이 모든 것을 휩쓸어가고 갑자기 풍경이 흑백이 되면서 교향곡에 가까운 찬란함을 느낀 적이 있는데, 이 찬란함을 다시 만날까 봐 긴장되어서다.

그렇다. 가끔은 아름다움이 날 그냥 내버려두었으면 좋겠다는 생각이 든다. 아름다움 앞에서 주눅이 들고 정신이 혼미해지지 않았으면 좋겠다는 생각이 든다. 어쩌면 우리가 사진을 찍는 이유는 우리가 느끼는 것을 조금 더 가깝고 일상적인 것으로 만들기 위해서일지도 모른다. 사진으로 찍으면 경험은 신비한 대상이 아니라 편안한 대상이 된다. 사진이라는 기술 덕분에 어느 곳에서 무엇을 경험했는지 지리적으로 단순하게 표현된다. '여기는 시글루퓌외르뒤르. 아이슬란드의 북쪽 끝.' 이렇게 모든 것이 설명된다.

스탕달의 말이 맞았다. 아름다움을 보는 것과 정보를 받아들이는 것은 같은 선상에 둘 수 없다. 아름다움을 볼 때는 전율하며 비틀거린다. "이것이 지금 내 눈앞에서 펼쳐지는 현실이라니!" 아름다움은 내가 감당할 수 있는 선을 넘는다. 나의 몸과 마음이 요동친다. 보이는 대로 달리지만, 절망적일 정도로, 또 더 이상 따라잡지 못할 정도로 뒤처지는 기분이다.

감당하기 힘들지만, 동시에 살면서 오랫동안 갈망해오던 것이라는 사실을 이해하게 된다. 할 말이 정말 많다. 말과 감각이 밀려든다. 끌어안고 봐야 할 것이 너무 많다. 너무 많아서 전부 끌어안을 수도, 볼 수도 없다. 그 집요한 포위와 공격에 속수무책으로 당하다 보니 숨이 차오르고 아프다.

결국 복종하고 따르지만, 이를 통해 잃은 것이 있다. 그것은 나의 확신과 독립성일지도 모른다. 피렌체, 좀 더 구체적으로 말한다면, 산 미니아토 알 몬테 성당에 관해서 스탕달이 특별히 이야기를 하지는 않은 것 같지만, 어쨌든 언덕 위의 이 성당에 있으면서 나 혼자서는 절대로 가질 수 없는 것을 세상으로부터 얻을 수 있었다. 마치 보상처럼 말이다. 이제 나는 감동을 안겨준 이 세계에 속하고 연결되어 있다. 나 혼자서는 가질 수 없는 것을 세상으로부터 받는다.

"숭고한 아름다움."[6] 스탕달은 아름다움에서 느낀 강렬함을 이렇게 표현했다. 아름다움은 위협처럼 느껴질 정도로 강하다. 이 강한 힘을 어떻게 감당해야 할까? 아름다움은 찬란함이며, 나를 압도하고 사로잡는 이 찬란함은 숭고하다. 마음이 너무 충만해서 불안해질 지경이다. 마치 내가 바라본 대상이 눈에 담는 것을 넘어 내 안의 모든 감각을 만족시켜준 것 같다.

스탕달은 "너무 아름다워서 삶이 피곤하다"[7]며 쓰러질까 봐 두렵다고 고백했다. 그의 말이 무슨 뜻인지 충분히 이해할 수 있을 것 같다. 아름다움에 강렬하게 사

아름다움은 위협처럼 느껴질 정도로 강하다.
이 강한 힘을 어떻게 감당해야 할까?
아름다움은 찬란함이며,
나를 압도하고 사로잡는 이 찬란함은
숭고하다.

로잡히면 마음이 요동치고, 아름다움을 차분히 볼 수 없다. 마치 나를 집어삼킬 파도가 다가오는 것을 바라보는 느낌이다. 불안하면서도 흥분이 되어 몸을 가만히 둘 수가 없다. 차라리 그냥 될 대로 되라고 몸을 맡기면 어떨까? 이런 생각을 하니 오히려 마음이 편해진다. 의외로 우리 인간은 단순한 삶에 만족한다는 생각이 든다.

스탕달 증후군은 희귀한 증상으로, 감정 장애라고 할 수 있다. 스탕달 증후군 때문에 심장 박동에 이상이 생겨서 실신하는 관광객들도 종종 있다. 스탕달 증후군은 1989년 이탈리아의 정신과 의사 그라치엘라 마게리니가 발견했다. 2023년 1월, 한 프랑스 여성 관광객은 시청 갤러리에 전시된 보티첼리의 그림 〈비너스의 탄생〉 앞에서 옴짝달싹할 수 없었다는 이야기를 해주었다. "그 순간, 옆에는 아무것도 없고, 오직 저와 그림만 존재하는 것 같았습니다. 몸에서는 어찌나 열이 나던지."

나에게 나타나는 증상은 눈물이다. 찬란함에 넋을 잃으면 눈물이 흐른다. 슬퍼서 나는 눈물이 아니라 불안한 흥분 때문에 나는 눈물이다. 계속 보고 또 보고 싶은데 그러지 못할까 봐 불안하다. 이탈리아는 머물고 싶지만 헤어진 것 같은 확신이 드는 나라다. 이 세상, 이 도시, 이 지구… 이 모든 것을 사랑하지만, 두 팔로 전부 끌어안을 수 없다.

이 감정은 소비욕이나 소유욕과는 다르다. 소비는 하고 나면 허무하고 소유는 지루함으로 끝나지만, 아름다움은 결코 끝이 있거나 지루하지 않다.

물론 스탕달처럼 몸이 불편해질 정도로 아름다움에 압도될 필요는 없다. 하지만 아름다움을 웰빙, 기분 전환, 오락과 혼동하지 않았으면 한다. 아름다움을 마주할 때 느끼는 감정은 열정적이다. 이는 간절하고 고통스러운 욕망이다. 눈에 보이는 것과 하나가 되고 싶은 욕망, 영원의 바람 같은 것이 불어오는 지대에 머물고 싶은 욕망이기 때문이다.

❺ 아름다움이라는 세계

존재한다는 느낌을 주는 초월적 공감

beauté

한 핀란드 남자와 우연히 이야기할 기회가 있었다. 나는 그에게 사랑의 슬픔이 남긴 상처에 관해 이야기했다. 6월의 어느 늦은 밤이었는데, 이날은 해가 정말로 지지 않았고, 잠도 오지 않았지만, 그래도 속 시원하게 이야기를 털어놓을 누군가가 있어서 기뻤다. 무슨 대화를 하다가 이야기가 나왔는지는 기억이 나지 않지만, 우리는 바다가 지닌 숭고한 아름다움에 관해 이야기했다. 그것도 같은 감각을 동원해 묘사하면서. 그러니까 우리가 아름다움을 느끼는 감각은 상대적이지도, 주관적이지도 않았다. 우리는 각자의 개성과 서로의 문화 차이를 존중하면서 같은 고통과 미적인 감정을 공유했다. 국경을 초월한 공감이었다.

한동안 나는 아름다움은 상대적이라느니, 문화권과 시대에 따라 다르다느니, 취향과 색깔처럼 토론의 대상이 아니라고 하는 사람들에게 열심히 반박했다. 나와 의견이 다른 사람들에게 나의 대답을 꽤 오래 기다리게 했는데, 이제는 대답해야 할 것 같다. 이제 더 이상 고민하지 않고 이런 대답을 하고 싶다. '상대적이다'는 그야말로 절망적인 표현이라고 말이다. 상대적이라는 건 비판 정신을 발휘하는 것이 아니라 처음부터 모든 생각과 논쟁을 죽이는 것이기 때문이다.

중요한 질문을 하는 상대에게 모호하게 대답한다고 상상해보자. "날 사랑해?"라는 질문에 "때에 따라 다르지"라고, 또 "정말이지?"라는 질문에 "상대적이지"라고 대답하는 것이다. 만일 모든 것이 이처럼 상대적이라면, 또 개인, 시대, 장소에 따라 답이 달라진다면 토론에 의미가 있을까? 없다. 그럼 핀란드 남자와 공유할 이야기가 있을까? 그것도 없다.

상대주의만 내세우면 그 어떤 생각도, 그 어떤 판단도 할 수 없다. 모든 것은 상대주의로 시작해 상대주의로 끝난다. 무엇이든 상대적이라고 하면 "전반적으로 이렇다"라고 말할 수도 없고, 약간 대담한 표현도 할 수 없다. 모두가 각자 자신만의 경험에 갇혀 있게 된다. 이는 다른 사람들에게는 그야말로 낯선 시대와 공간이어서 나 이외에는 공유할 수 없다. 그럼에도 우리는 모두 아름다움을 경험한다. 어떤 사람은 "피카소, 못생겼어"라고 하고, 또 다른 사람은 "피카소, 너무 잘생겼어"라고 말한다면 그때는 토론과 설명을 시작할 수 있다.

'상대적이다'라고 단정한다는 것은 우리의 느낌과 깊은 경험을 감추는 것과 같다. 다시 말해, '상대적이다'라는 반응은 아름다움이 주는 특별한 감정을 차단한다. 무언가가 아름답다고 느끼면 "이것 좀 봐. 정말 아름다워"라고 말하고 싶어지지만, 상대로부터 "사람마다 느끼는 게 다르지"라는 말을 들으면 이런 대화를 이어나갈 수가 없다.

취향은 처음부터 끝까지 지극히 개인적이다. 우리는 각자 탐색을 통해 취향을 발견한다. 심지어 선호도에도 등급이 있다. 그러나 찬란함과의 만남에서는 다른 경험을 한다. 중심을 잃어버리기도 하고, 뒤처져서 당황하기도 한다. 취향이냐 아니냐는 목록으로 정리할 수 있는 반면, 아름다움은 기대하지도 않았는데 '훅' 들어올 때가 많다.

아름다움은 지극히 주관적인 것이 아니다. 아름다

움은 개인적이지도 않고, 단순한 취향 문제도 아니다. 아름다움에는 "아름다워!"라는 감탄을 이끌어내는 무언가가 있다. 나는 아름다움을 인정한다. 아름다움을 인정하며, 이를 공유하고 다른 사람들을 설득하고 싶다. 아름다움을 혼자 간직하지 않고 다른 사람들에게 이야기하고 싶다. 그러나 아름다움은 변덕은 아니다. 변덕은 자기중심적이고 일시적인 기분과 개인적인 선호 사이를 왔다 갔다 하는 것이기 때문이다.

아름다움은 객관적이면서 주관적이다. 어떻게 보면 결정하는 것은 내가 아니다. 저절로 보이는 것이 내 위에 군림하며 내 입에서 '아름답다'라는 표현을 이끌어낸다. 게다가 찬란함은 나를 기쁘게 하려고 존재하는 것이 아니라, 존재 그 자체로 빛난다. 찬란함은 단순한 감상의 대상이 아니다. 찬란함은 본질적인 것, 형이상학적인 것을 약속한다. 찬란함이 생물학, 심리학, 사회문화로만 설명되지 않는 이유다.

아름다움은 진실, 정의와 같다. 아름다움은 싸구려가 아니며, 단순히 욕망이나 트렌드의 문제도 아니다.

의견은 다를 수도 있고, 논쟁이 벌어질 수도 있다. 중요한 건 우리가 하는 모든 경험 중에 아름다움을 경험하는 것이 가장 특별한 경험이라는 사실이다. 아름다움은 그 누구의 전유물도 아니며, 머뭇거릴 틈을 주지 않는다. 아름다움과 마주하면 처음에는 일단 충격을 받는다. 상대주의는 그다음에 나타난다.

아름다움을 경험하는 것은 콰트로치즈 피자를 먹거나 멋진 손목시계를 소유하는 것처럼 단순한 쾌락이 아니다. 아름다움을 경험하며 느끼는 감정은 기술적인 요소로 설명될 수 없다. 색채가 조화를 이루고 스타일이 세련되고 음정이 맞을 때 느끼는 감정과는 다르다. 아름다움을 경험할 때 느끼는 감정은 옵션과 선택 같은 평범한 것이 아니다. '순무, 양배추, 재즈, 보들레르가 좋다'처럼 개인적인 취향과는 다른 차원이다.

아름다움을 만나면 우리는 갑자기 온전히 존재한다는 느낌을 받는다. 그 외의 모든 것은 순응주의이며, 고상한 척하는 속물근성 또는 지적허영인 스노비즘snobbism에 불과하다. 그렇기 때문에 우리는 영국의 뉴웨이브 듀오 유리스믹스와 브람스를 동시에 좋아할 수 있고, 루이 드

퓌네스 주연의 코미디 영화 〈과대망상〉과 데이비드 린치 감독의 미스터리 영화 〈멀홀랜드 드라이브〉를 동시에 좋아할 수 있다. 중요한 것은 따로 있다. 우리를 감싸는 포근함을 마음껏 느끼며 사는 것, 그리고 이 감정을 왜 느끼는지 표현하고, 어디에 있든 모든 사람과 이 감정에 대해 이야기를 나눌 수 있는 것이다. 또한 아름다움을 경험할 때 생기는 모순이 있다. 오히려 주관적이고 사적인 것일수록 토론의 대상으로 삼을 수 있다는 것이다. 단순히 취향이 아니라 마음속 깊은 것을 공유하기 때문이다.

페르메이르의 그림 앞에 줄 선 사람들, 유럽 문화와 아프리카 문화를 작품 안에 녹여낸 피카소, 봐도 봐도 질리지 않는 산 마르코 광장, 세대를 관통하는 대중적인 노래들, 이 모든 것이 상대주의자들이 틀렸음을 보여주는 예시들이다. 아름다움은 시공간의 변화에 따라 여러 모습으로 나타날 수 있다. 그러나 그 무엇보다 놀라운 것은 아름다움을 공유하는 열정이다.

서로 생각이 다를 수는 있다. 러시아의 작곡가 프로코피예프가 좋은 사람이 있으면, 나처럼 슈베르트가 좋

아름다움은 지극히 주관적인 것이 아니다.
아름다움은 개인적이지도 않고,
단순한 취향 문제도 아니다.
아름다움에는 "아름다워!"라는 감탄을
이끌어내는 무언가가 있다.

은 사람도 있다. 우리가 찬란함을 느끼는 순간, 그 찬란함은 증거처럼 분명히 나타난다. "그래, 하지만", "아니, 그렇게 생각하지 않는데"와 같은 평가는 그다음에야 나온다. 또한 사람들이 비록 생각이 다르더라도 프로코피예프를 좋아하는 사람들과 슈베르트를 좋아하는 나 같은 사람들을 하나로 연결해주는 세상이 있다. 우리는 하나로 뭉치면서도 결정적으로 다른 부분에서는 갈라진다. 우리는 이렇게 세상을 만든다.

이처럼 찬란함은 영원함보다는 보편성에 관한 문제다. 서로 다른 취향이 공존한다. 취향은 서로 다를 수 있지만, 결국 하나의 세계에 속한다. 실제로 찬란함은 상대주의가 꼭 옳은 것만은 아니라고 제동을 건다. 무엇을 좋아하든 좋아하지 않든, 이 음악가를 좋아하든 저 음악가를 좋아하든, 심지어 아름다움과 추함을 동시에 지닌 대상이 있다고 해도, 결국 이 모든 것은 부차적이다. 정말로 중요한 것은 우리를 연결해주는 세상이 있다는 사실이다. 그 세상이야말로 우리가 함께 소유하고 있는 것이다. 이것이 찬란함이 지닌 보편성이다.

늦은 밤, 핀란드의 쿠오피오 근처는 아직 해가 지지 않았다. 얼음이 녹으면서 얼음의 굴레에서 벗어난 칼라베시 호수의 물이 자유롭게 흘러나왔다. 그리고 나는 낯선 핀란드 남자와 아름다움에 관해 이야기한다. 6월의 어느 날 저녁, 잠이 오지 않은 덕분에 깨달은 것이 있다. 내가 말로 표현하는 "사랑해"는 온 세계와 함께 나누는 것이라는 사실이다.

❻ 밤의 새들

아름다움과 만날 기회를 주는 연습

oiseaux de nuit

화가이자 시인인 카렐 아펠은 제1차 세계대전과 제2차 세계대전 사이의 시기에 네덜란드에서 태어났다. 그의 작품은 대중성이 부족했다. 아펠이 독일 여행에서 돌아와 1948년에 그린 벽화 〈질문하는 아이들〉이 있다. 독일을 여행하던 중 폐허가 된 거리 한복판에서 어린 거지들에게 맞은 경험을 녹여낸 작품이다. 그런데 이 그림이 암스테르담 시청을 장식하자 사람들이 거부 반응을 보였다. 결국 시청은 이 그림이 보이지 않게 가렸고, 10년이 지나서야 이 그림은 다시 세상의 빛을 보았다.

솔직히 아펠의 그림은 '내 취향'은 아니었다. 그냥 어린아이가 그린 그림 같아서였다. 공격적으로 느껴질 정도로 투박하고 색깔도 칙칙한 것이 거슬렸으며, 미묘한 변화와 빛 효과도 없었다. 전혀 마음에 들지 않았다. 그런데 어느 날, 생각지도 못했던 아펠의 그림 한 점에 매료된 적이 있다. 그때까지 한 번도 본 적이 없던 무언가가 눈에 들어왔다. 아펠의 이 그림은 흔적을 기괴하게 표현하고 있었다. 잔인하게 찢기고 잘린 인간의 모습을 표현한 그림이었다. 나는 아펠의 그림을 통해 야만성의 실체를 보게 되었다.

1949년 작품인 〈밤의 새들〉 앞에 한참을 서 있었다. 이 그림에는 '인간 새' 두 마리가 나온다. 우스꽝스럽기도 하고 애처롭기도 한 이들이 크고 공허한 눈으로 우리를 응시한다. 인간 새 한 마리는 축제 때나 볼 수 있는 왕관을 쓰고 있고, 그 뒤에 있는 또 다른 인간 새는 겁에 질린 모습으로 서 있다. 나는 이전에는 볼품없다고 생각한 것에서 아름다움의 힘을 느꼈다. 굴욕, 연약함, 그리고 어리석음의 잔혹한 법칙에서 아름다움의 힘을 느낀 것이다. 아름다움을 경험한다는 것은 감상이라는 노력으로도 할 수 없고, 즉각적으로 반응이 오는 것도 아니다. 아름다움은 단순히 본능적인 즐거움이 아니기 때문이다.

아펠은 이런 메시지를 전하고 싶었던 것이다. '그림은 그저 선, 재료, 색채의 조합이 아니다. 그림은 동물, 밤, 비명이다.' 그림은 사람과도 같다. 나는 아름다움과 만나면서 나의 개인적인 취향과 편안한 만족감에 대한 기대에서 해방되었다. 그리고 폭력에 가까운 거친 힘에 다가갔다. 눈앞에 보이는 것을 통해서 말이다.

"야만적인 시대에는 야만인처럼 그림을 그린다. 내 주변의 삶을 있는 그대로 그린다." 아펠이 했던 말이다. 찬란함과 고통이 당혹스러울 정도로 같은 춤을 춘다. '혹독하고 아름다우며 잔인하고 대단한 삶', 아펠의 그림이 내게 준 선물이었다.

그 후로 내가 하는 연습이 있다. 나는 이 연습을 '중심 밖으로 시야를 넓히는 연습'이라고 부른다. 처음에는 별로라고 생각했던 것에서 우연히 아름다움과 만날 기회를 주는 연습이다. 이 과정에서 당혹스러울 수도 있고 마음이 복잡할 수도 있음을 그대로 받아들이는 연습이다. 처음에는 별로라고 느껴지지만 실제로는 아름다운 것과 맺을 수 있는 특별한 관계를 탐구한다. 이렇게 변화를 경험하는 연습을 조심스럽게 한다. 익숙하지 않은 것, 씁쓸한 것을 향한 호기심을 기르는 연습이다. 보통은 이런 연습을 한 달에 한 번 정도 한다.

카렐 아펠에 이어 처음에는 별로라고 느꼈지만 점차

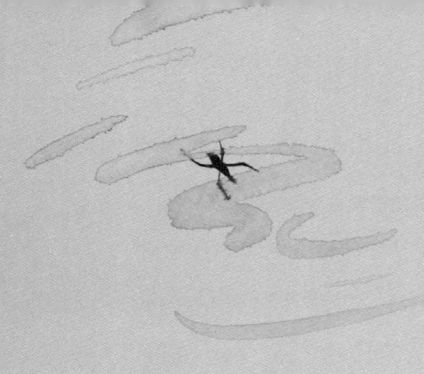

생각지도 못한 곳에서 아름다움을 만나 감동을 받게 되면
이를 자연스럽게 받아들여보자.
처음에는 별로 마음에 들지 않았던 것이라도
감동적으로 다가올 수 있다. 이런 경험을 하려면
익숙하지 않은 것에 대한 호기심,
맛으로 치면 매운맛이나 단맛 같은 익숙한 맛이 아니라
씁쓸한 맛을 향한 호기심이 필요하다.

작품이 좋아진 화가가 또 있다. 20세기 초의 프랑스 화가인 로베르 들로네인데, 처음에는 그림 속의 원과 정육면체가 수학적이고 차가운 배열처럼 느껴져 고리타분한 느낌이었지만, 차츰 그 안에서 아름다움을 발견할 수 있었다. 또한 나는 산에 익숙해지려고 노력했다. 절대로 움직일 것 같지 않아 두려움의 대상이었던 산에.

싫은데 억지로 다가가라는 뜻이 아니다. 어쩌면 우리가 이해하지 못하고 넘겨버렸을 수도 있는 것을 말해주는 목소리를 들어보라는 뜻이다. 낯선 아름다움에게 아까 했던 말을 계속 다시 해보라고 부탁한다. 중요한 메시지인 것 같아서다. 단순히 "싫어"라고 말하고 끝나기에는 아까운 메시지가 있어서다. 선택된 단어가 표현 방식이 아직 익숙하지 않아 의심스럽지만 귀를 쫑긋 세우게 되는 메시지, 관심을 기울일수록 놓치고 있던 것이 무엇인지 알게 되는 메시지 말이다.

처음에는 끌리지 않았더라도 점차 관심을 두는 연습을 해보자. 우리의 개인 취향으로는 온전히 설명하기 힘든 찬란함이 이 세상에 꽤 많다는 목소리에 귀를 기울여보자. 처음에는 마음에 들지 않았던 것도 특별한 매력을 지니고 있다. 우리가 다가가는 법을 몰랐던 낯선 매력이다. 앞으로 좋아하게 될 것이 아직 남아 있다고 생각해보자. 예상치 못한 곳에서 아름다움과 만나 깜짝 놀라는 경험을 할 수 있다고 생각해보자. 이렇게 생각하면 마음이 너무 편하지 않은가?

아름다움은 주관적이지 않다는 증거가 된다. 오히려 아름다움은 객관적이고 낯설어서 당혹스러운 존재이며, 상대주의가 통하지 않음을 알게 해준다. 아름다움과 마주하면 단순히 만족하는 데 그치지 않고 뭔가에 압도된 기분이 든다.

인상파 화가들의 그림은 더 이상 압도하는 느낌을 주지 못한다. 아직 인기가 없던 시절, 그들은 '근대 회화'를 상징했다. 마치 피카소 자체가 근대 예술을 상징하는 것처럼 말이다. 그만큼 신선했다. 하지만 이제 인상주의는 더 이상 감정의 동요를 일으키지 않는다. 대중적으로 누구나 좋아하는 미술이 되면서 신비감을 잃은 탓이다. 아름다움과의 만남이 성공적이려면 마음이 요동치고, 그 마음이 혼란스러운 경험으로 이어져야 한다.

그래서 오르세 미술관에 가면 인상파 화가들의 작품을 처음 보는 것처럼 감상하려고 노력한다. 그러면 인상파 화가들의 작품에서 대담함이 눈에 들어온다. 신선한 충격 감각을 키워본다. 너무나 많이 읽은 철학자들의 책, 하도 많이 들어서 귀에 익숙한 노래들, 너무나 익숙한 풍경들도 이런 식으로 다시 보려고 한다.

아름다움에게 위험한 것은 상대주의가 아니라 지나치게 대중화되어 익숙해지는 것이다. 아름다움이 너무 익숙한 존재가 되면 원래의 가치가 변한다. 아름다움을 경험하는 일에서 우선적으로 금지해야 하는 것이 무난함이다.

"그림을 그렸다기보다는 때렸습니다." 아펠이 고백했다. "선택한 붉은색 물감은 피였습니다. … 저의 작품은 전쟁, 투쟁이었습니다. 그림과 격렬하게 싸우는 몸이었습니다." 아펠의 그림에 있는 아름다움, 붉은색, 분노를 보려고 하지 않았다면 단순히 내 취향의 그림이 아니라는 생각만 하고 끝냈을 것이다.

❼ 우리가 살아가는 땅

경계가 사라진 세상으로의 탐험

exploration

이사크 알베니스의 '스페인 모음곡' 중 하나인 〈아스투리아스〉를 듣는다. 질질 끄는 버릇을 잠재우는 힘이 필요할 때마다 종종 듣는 음악이다. 들을 때마다 안달루시아의 플라멩코의 미묘한 멜로디가 행동을 자극하는 소리, 개성 넘치는 리듬과 잘 어울린다는 생각이 든다. 마치 욕망을 표현하는 사운드트랙 같다. 음표들이 서로 도우며 주저 없이 앞으로 나아가는 것 같은 음악이다.

이 음악에는 특별한 힘이 있다. 과감하고 새롭게 시작하며 세상을 향해 힘찬 욕망을 발휘할 수 있게 해주는 힘이다. 뜨거운 재즈처럼 흥분을 안겨주는, 우아하면서도 부드럽고 품위와 확신이 가득한 곡이다.

나는 집중해 듣다 보면 어느새 모든 근심에서 해방되어 다시 음악의 세계로 빠질 수 있게 해주는 이런 순간을 기다렸다. 이제 몸을 오른쪽으로, 왼쪽으로 돌릴 수 있을 것이고, 음악이 여기저기 따라다닐 것이다. 음악은 나의 공간이자 시간이 될 것이며, 음악과 나 사이에는 더 이상 거리는 없을 것이다. 음악은 나의 분위기가 되고, 짜릿한 현실이 될 것이다. 이런 식으로 아름다움을 경험하다 보면 '세상에 속해 있는 느낌'이 무엇인지 알 수 있다. 대체될 수 없는 존재, 영원히 살아가는 존재가 되는 느낌이다.

이렇게 감각을 자극하는 것이 음악이 지닌 고유한 힘이라고 말하는 사람이 있을 것이다. 음악은 손에 잡히는 물질이 아니라 여기저기에 존재하는 것이기 때문이다. 이렇게 세상에 속해 있다는 느낌은 음악뿐 아니라 그림을 통해서도 경험할 수 있다. 어쩌면 미술이 음악보다 이런 느낌을 더 강하게 안겨주는지도 모르겠다. 프랑스의 인상주의 화가 카미유 피사로가 그린 〈폭스힐, 어퍼 노우드〉 속 그 거리를 걷는다. 눈에서 살을 에는 듯한 차가움과 금속 같은 냄새가 느껴진다. 아름다움은 표현도, 장식도 아니다. 나는 아름다움과 한 몸이 된다. 아름다움은 그만큼 관능적이다. 동시에 아름다움은 신비할 정도로 정신적이다.

말 그대로 이 풍경, 이 멜로디, 이 철학 구절 안에서 살아간다. 그 안에서 내 마음대로 옮겨 다닐 수 있다. 드넓은 궁전을 걸으며 차례로 문을 열면서 끝없이 새로운 방을 발견하는 기분이다. 아름다움이 지닌 찬란함과 마주할 때만 느낄 수 있는 웅장함이다.

아름다움은 나를 더욱 먼 곳으로 데리고 간다. 칸트의 글을 읽으며 이런저런 생각을 한다. 피사로의 그림 속에 쌓인 눈이 내뿜는 푸른색을 통해 나의 내면 속으로 깊이 빨려 들어간다. 우리는 이 세상을 같은 방식으로 살아갈 수 없는 운명이다. 우리 인간이 세상을 하나의 방식으로 살아가야 할 이유는 없다. 세상을 살아가는 방향 감각과 시간 감각이 하나만 있는 것은 아니다. 우리는 듣고 만지고 보고 읽은 것에 따라 세상을 다르게 살아갈 수 있다.

아름다움은 눈앞에 보이는 것에만 존재하지 않는다. 아름다움은 우리 안에 있기도 하다. 아름다움은 그림, 작품, 바다, 숲처럼 구체적인 모습을 하고 있지 않을 때도 있다. 우리가 속해 있는 세상 그 자체에도 아름다움이 있다. 아름다움은 단순히 감상하는 대상이 아니라 직접 같이 소통하는 삶이다. 겨울의 우울한 풍경을 담은 피사로의 그림은 나의 현재가 된다. 이를 철학적으로 깨닫는 순간, 나는 길을 걷고 계단을 올라갔다가 되돌아 나와 다시 길을 떠난다. 나의 움직임과 내 인생마저도 내가 보고 읽고 듣는 것이 주는 진동과 빛 속에 있다.

물론 새로운 눈으로 세상을 볼 수 있게 되고 내 안에 숨겨진 것을 깨닫게 되는 것은 예술가와 철학자 덕분이다. 이 점에서 예술가와 철학자는 천재다. 자연에 깃든 아름다움에 대해서도 같은 이야기를 할 수 있다. 마치 스타일이 빛을 발하는 것 같다. 마치 독특한 비전 속에 들어가는 것 같다. 예술가가 아니어도, 뛰어난 그림을 그릴 수 있는 천재적인 재능이 없어도 느낄 수 있는 것이다.

여기서 내가 묘사하려고 하는 것은 경이로움이 아니다. 경이로움은 내가 찬미하는 대상과 나 사이의 거리를 멀어지게 하기 때문이다. 의외로 너무 경이로운 것을 마주하면 감각이 거의 마비되는 느낌이다. 실제로 경이로움을 느끼면 제대로 보이지 않고, 아름다운 광경이 우리에게 미치는 영향에만 몰두하게 된다.

"그리고 나, 그리고 나, 그리고 나." 프랑스의 정신

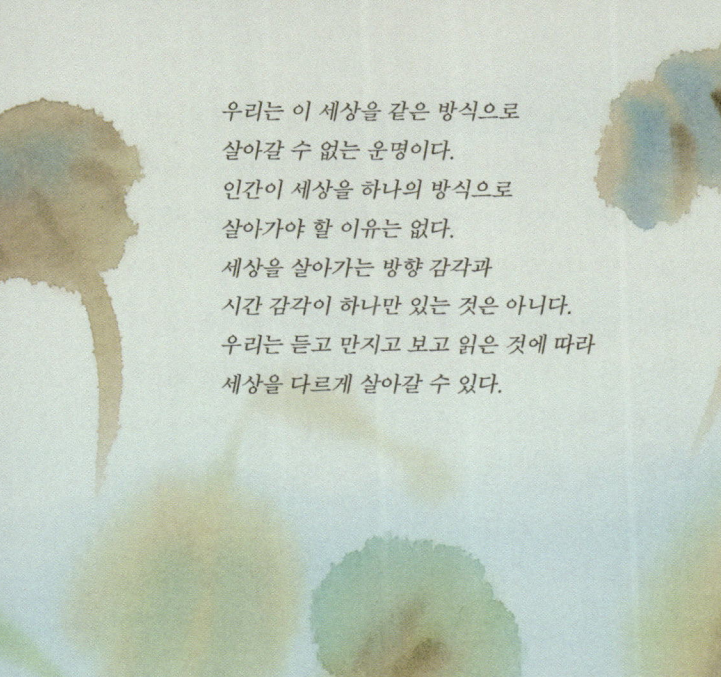

우리는 이 세상을 같은 방식으로
살아갈 수 없는 운명이다.
인간이 세상을 하나의 방식으로
살아가야 할 이유는 없다.
세상을 살아가는 방향 감각과
시간 감각이 하나만 있는 것은 아니다.
우리는 듣고 만지고 보고 읽은 것에 따라
세상을 다르게 살아갈 수 있다.

분석학자 라캉의 문장이다. 감탄 뒤편에서 중얼거리며 집요하게 되뇌는 것을 표현했다. 미적 경험은 다르다. 눈에 들어오는 아름다움에 참여하게 된다. 아름다움과 일체감을 느끼면 우리 자신은 잠시 잊어야 한다.

마치 우리가 항상 있어야 할 자리로 되돌아온 것 같은 기분이다. 이런 신념이 있기에 단념하지 않는다. 우리는 또한 미학적으로 세상을 살아간다. 사람들뿐 아니라 색깔, 단어, 운율, 파도와도 이웃이 된다. 아름다움은 우리가 살아가는 땅이다.

이를 완전히 느끼는 것을 교감이라고 할 수 있다. 땅을 나누는 기준이 사라지고, 경계가 희미해진다. 우리의 여러 감각 사이의 구분이 사라진다. 이해와 느낌을 구별하는 선이 없어진다. 이 순간, 우리는 음표 속을 걷고 단어의 질감을 쓰다듬고 특정 색깔의 냄새를 맡을 수 있는 경지에 이른다. 시간을 구성하는 단위인 '분'이 만져서 느낄 수 있는 구체적인 대상이 된다. 눈으로만 보던 물이 직접 들어가 깊이를 느낄 수 있는 대상이 된다. 우리는 움직이며 매혹적인 아름다움 속에 정착할 수 있다.

이것은 무언가를 기른다는 감각을 온전히 느낄 수 있는 귀한 삶의 방식이다. 이 새로운 느낌을 탐험해보면 어떨까? 랭보를 우리가 사는 이곳에 특별히 초대해보면 어떨까? 모든 감각이 고삐가 풀린 것처럼 작동하고 평소에 익숙하던 시공간의 경계가 무너지는 경험을 해보자는 것이다. 즉, 아름다움을 진정으로 듣고 이해하고 보려는 시도를 해보자는 것이다.

어쩌면 아름다움은 무한함의 세상, 경계가 모두 사라진 세상일지도 모른다. 그렇다면 미래를 보는 사람과 더 넓은 세상에 사는 사람들은 우리에게 이런 말을 들려줄 수 있을 것이다.

> 나는 '바다'라는 시 안에서 헤엄친다. …
> 초록빛이 감도는 푸른색 바닷물을 게걸스럽게 삼키면서…
> 번개로 쩍 갈라지는 하늘과 폭우를 알고 있다.
> 그리고 다시 밀려드는 파도와 물결을, 저녁을 알고 있다.
> 강렬한 빛을 내뿜는 새벽과 비둘기 떼,
> 그리고 인간이 봤다고 생각하는 것을 가끔 보았다![8]

8
세상의 모든 해바라기

오직 하나뿐인 귀한 예술 작품

tournesol

오래전의 일이다. 글레낭섬의 바다에서 야간 수영을 했다. 아무것도 보이지 않았다. 표시가 되어주는 좌현, 우현, 위, 아래, 하늘, 바다…, 이 모든 것이 칠흑 같은 어둠 속에 잠겼다. 희미하게 반짝이는 별 몇 개만 겨우 보였다. 그래도 수영을 했다. 두려울 정도로 넘실대는 거대한 이 바다에서 바닷물과 내가 서로 삼키는 느낌을 받고 싶었기 때문이다.

바다는 나에게 아름다움을 경험하게 해준 중요한 곳이다. 우리에게는 각자 아름다움을 경험한 나름의 장소가 있다. 분명히 우리는 아름다움과 특별한 관계를 맺으면서 현재의 우리 자신이 되었다. 우리의 행동, 선택, 인생 드라마가 이렇게 만들어졌다. 그러니 하찮게 봐서는 안 된다. 아주 신중하게 아름다움의 목록을 정리하고, 아름다움을 느꼈던 날과 장소, 그리고 아름답다고 느낀 이유를 적어봐야 한다. 아름다움을 몸소 경험해본 것을 일기처럼 기록하면 얻는 것이 많다.

나는 수년 전부터 보고 들은 것, 새롭게 발견한 것을 수첩에 빼곡하게 적고 있다. 수첩에 적은 이 내용을 '초월성'이라고 부른다. 한마디로 세상의 찬란함에 휩쓸려 경이로움 이상을 경험했던 순간들이다. 그러다 보니 저절로 겸손한 작가가 되고, 내면의 지도를 만들게 되었다.

아름다움을 경험하며 자신을 성찰하는 것은 단순히 무언가를 발견하고 열광하는 것과는 차원이 다르다. 아름다움이 없다면 내가 살아온 궤적을 알지 못했을 것이고, 진정으로 내가 누구인지 알지 못했을 것이다. 이 순간들이 모여 나의 인생 기록이 된다. 이 순간들을 펼치면 여권 속 삶의 여정이 그대로 보인다. 여권 위에 이런 내용이 적혀 있으면 좋겠다. '보들레르, 섹스 피스톨스, 헤겔을 사랑하는 사람.'

이 모든 것이 나를 만든다. 절대로 '무지'라는 암흑 상태에 빠지지 않는 것, 이것이 지금의 나를 만드는 원동력이다. 나만의 이야기, 일하면서 내린 결정, 나의 선택, 맺기도 하고 끊어지기도 한 관계, 이 모든 것이 나의 삶에 얼마나 결정적인 역할을 했던가.

종종 아름다움에 관해 기록한 수첩을 읽는다. 수첩

에는 나라는 존재가 가진 장점들이, 가장 작은 장점에서부터 가장 커다란 장점까지 많이 기록되어 있다. 내가 '찬란함'이라고 부르는 두 가지가 기록되어 있는데, 하나는 내가 사는 곳에서 얼핏 본 하늘, 다른 하나는 마치 수영장 그림 같은 저녁이다. 반듯한 그림 같은 파리의 풍경, 코르시카섬 스칼라 디 산타 레지나의 도로에서 마치 위엄 있는 고대의 신처럼 내 차 위를 유유히 날아다닌 '수염수리'…. 수첩은 아름다움에 대한 기억을 담고 있다. 주의 깊게 관찰하고 감성의 스위치를 켰기에 얻은 결과다. 또한 수첩은 내가 느낀 황홀함이라는 기억이 잊히지 않게 보관해준다. 나를 이끄는 유일한 나침반 역시 아름다움이다.

아름다움과의 만남은 생산적인 이벤트로 이어진다. 살면서 만난 특별한 이벤트를 잊고 싶지 않다. 그 기억을 통해 나라는 존재도 만들어진다. 그래서 아름다움과 만난 추억을 머릿속에 간직한다. 내 인생의 달력에서 축제이자 기념일로 생각하고, 강렬한 인상으로 남은 말과 놀라움을 느낀 아이디어를 달력에 적는다. 아

세상이 전해준 찬란함을 자연스럽게 받아들이려면
나무, 그림, 음표를 사람처럼 생각해보자.
친구를 어루만지듯이 손으로 돌을 만지고,
파도와 하늘에게 이야기를 건네보면 어떨까.

름다움은 책, 말, 행동 안에도 있기 때문이다. 동시에 아름다움은 우리가 창조하고 실현하는 것이다. 아름다움은 자연이 선물해주는 최고의 야성적인 존재다. 세상은 이 모든 것을 이해하고 있다. 그래서 세상은 자연과 문화를 나누지 말라고 부탁한다.

들판의 해바라기는 반 고흐가 그린 해바라기보다 초라해 보이기도 한다. 박물관은 장례식장에 불과하고 예술은 죽은 것이라며 살아 있는 것을 우선시해야 한다는 명분을 내세워 그림을 훼손하는 환경운동가들도 있다. 이는 생명과 문화, 인간과 자연을 대립적인 개념으로 보기 때문이다. 하지만 생명과 문화, 인간과 자연은 같은 세상에 속한 운명공동체다. 이 점을 잊어서는 안 된다. 인간은 분명 환경을 가장 많이 오염시키고 파괴하는 포식자다. 하지만 동시에 인간 없이는 지구를 구할 수 없다.

사실 우리가 박물관에서 하는 행동은 모범으로 삼을 만하다. 박물관에서 우리는 음료수 캔이나 담배꽁초를 버리지 않는다. 조용히 속삭이듯 이야기하고, 조심스럽게 앞으로 나아간다. 느리게 가도 다들 기다려주니 말이다. 해바라기가 피는 들판 앞에서도 반 고흐의 그림 앞에서와 마찬가지로 존중을 표현해야 한다. 자기 자신보다 거대한 것 앞에 있다는 확신, 조심하고 신중해야 한다는 확신처럼 모든 것은 유일하며 가치가 있다는 마음가짐이 필요하다.

이런 마음가짐을 가지면 자연을 이 세상에 하나뿐인 귀한 작품으로 볼 수 있게 된다. 이렇게 호기심이 생기면 우리는 우리 자신과는 다른 존재에 관심을 갖는다. 전시실에서 예의를 지키며 속삭이듯 말하듯, 자연도 이처럼 매너 있는 행동으로 대해야 한다.

세상도 예술 같은 대우를 받을 자격이 있다. 이 때문에 찬란함에 관해 기록한 내 수첩에는 블레즈 파스칼이 쓴 《팡세》의 글귀, 코르시카 언덕을 날던 커다란 새, 프랑스 시인 블레즈 상드라르의 《시베리아 횡단열차 여행기 La Prose du Transsibérien》, 루브르박물관 관람이 나란히 적혀 있다.

우리가 공유하는 것을 존중하려면 개인마다 책임의식을 가져야 한다. 모든 사람의 것을 내것처럼 소중히 여기는 마음이 필요하다. 그렇게 볼 때 '환경'이라는 용어는 적절치 않다. 세상은 우리를 둘러싸고 있는 장식이 아니기 때문이다. 세상은 경의와 유대관계의 사슬을 연결하는 고리 중 하나다. 이 사슬에서는 박물관도, 동물도, 책도, 해저도 배제되지 않는다. 우리 인간은 신전과 해바라기를 지키는 파수꾼이다. 그림 속 해바라기든, 씨앗 형태의 해바라기든, 살충제를 뿌린 해바라기든 상관없다. 모두 우리가 지켜야 할 해바라기다.

생명은 하나의 예술 작품이다. 따라서 자연을 훼손하는 것도 불경죄에 해당한다. 예술과 자연 사이의 경계를 지우면 우리의 시선과 행동이 긍정적인 방향으로 달라진다. 자연을 함부로 휘젓고 다니며 착취하거나 그냥 지나치지 않게 된다. 아름다움을 발견할 수 있는 세계에 초대를 받은 것처럼 조심스럽게 다가가게 된다. 유명한 보들레르의 시 구절이 '미학생태학'의 선언처럼 울려 퍼지게 된다.

자연은 신전이다.
살아 있는 기둥들이 알아듣기 힘든 말을 할 때가 있다.

인간은 그 기둥들을 지날 때 상징의 숲을 통과하는 것 같다. 상징의 숲은 익숙한 시선으로 인간을 관찰한다.[9]

이 세상이 얼마나 찬란한지 제대로 알려면 자연과 문화를 대립적으로 봐서는 안 된다. 세상의 찬란함은 탐미주의자들이나 소수 운동가의 전유물이 아니다. 찬란함을 알아보고 생생하게 느낄 때마다 살아 있는 것에 깃든 가치와 이 모든 것을 볼 때 생기는 가치를 알 수 있다. 휴가 때만, 산의 정상에 오를 때만, 사막을 횡단할 때만 그 가치를 발견할 수 있는 것은 아니다. 우리의 관점을 뒤집어보자. 자신이 소유한 물건들을 살펴보는 주인, 매대를 둘러보는 손님이 되어보는 것이다. 우리를 초대하고 관찰하는 것은 세상이다. 우리는 세상의 눈에서 자유롭지 못하다.

나는 보들레르의 의인화 기법을 즐겨 사용한다. 그 덕분에 세상을 친근하고 살아 있는 대상으로 느낀다. 돌이나 나무껍질을 어루만지는 것과 친구들과 악수하는 것은 다르지 않다. 파도나 하늘에게 말을 걸어본다.

마치 파도나 하늘이 내 이야기를 들어주는 것 같다. 나무, 그림, 바위를 사람으로 생각하고 이들이 들려주는 말을 수집한다. 말은 때에 따라 단어, 색채, 이미지가 되기도 한다. 의인화한 대상이 무엇이든 그 존재를 깊이 탐험해보자. 그 존재가 가져다주는 것, 그 존재로 달라지는 것을 포함해서 말이다.

나의 영향력을 표시하려는 것이 아니다. 오히려 그 반대다. 아름다움의 말에 세심하게 귀를 기울이고 아름다움에 다가가려는 것이다. 나에게 세상은 피와 살로 이루어진 생명들로 가득한 곳이다. 그렇기 때문에 글레낭의 하늘에 떠 있는 달도, 반 고흐의 그림도 나를 기억해주면 좋겠다. 우리는 같은 기억으로 이루어져 있다. 우리는 같은 이야기를 나눈다. 나는 글레낭 하늘의 달과 반 고흐의 그림을 기억하고, 이들도 나를 기억한다.

그러므로 내가 말하는 주제는 자연에 대한 것도, 문화에 대한 것도, 자연과 문화의 차이에 대한 것도, 자연과 문화가 하나가 되었으면 좋겠다는 바람에 대한 것도 아니다. 내가 말하는 주제는 세상에 대한 것이다. 세상은 연약하고 웅장한 곳이다. 세상은 생명체들을 하나로 모으는 곳이다. 세상은 우리가 사랑하고 이해할 수 있는 것을 하나로 모으는 곳이다. 이러한 세상에는 어제와 마찬가지로 내일도 보고 존중할 대상이 생겨난다.

⑨ 시스티나 성모의 침묵

시간이 연주하는 음악

silence

붉은색 커튼이 내려왔다. 마치 현실과 허구 사이를 구분하는 상징적인 경계 같다. 그 경계가 우리에게 이렇게 말한다. "잠시 알려드립니다. 몇 분 뒤에 여러분은 다른 곳으로 이동하게 됩니다. 지금까지와는 다른 이야기를 경험할 것이고, 그 이야기를 믿게 될 것입니다." 이날 저녁에 상영된 연극은 내가 가장 좋아하는 작품인 〈서민귀족〉이다. 보기 전부터 기대가 된다. 몰리에르의 희극 〈서민귀족〉은 찬란한 작품이다. 막이 오르기 전, 이 마법 같은 경건한 순간 속에서 침묵을 즐긴다.

침묵이 없다면 앞으로 만끽할 기쁨도 완벽하지 못했을 것이다. 침묵은 그 기쁨을 준비해 성대하게 축하한다. 침묵과 함께하는 공연이 이미 시작되었다. 하지만 침묵을 지키는 연습은 어렵다. 어쩌면 이 때문에 공연장 여기저기서 기침 소리가 들리는 것인지도 모른다. 갑자기 우리가 천식성 기관지염에 걸린 것은 아닐 테니 말이다. 이 정도로 침묵은 우리를 압박하는 힘이 있다.

침묵은 움직임을 멈추는 어려운 연습, 강제로 취하는 휴식과 같다.

하지만 침묵이 없으면 아무 일도 일어나지 않고, 아무것도 감동을 안겨주지 못한다. 침묵은 '비어 있는 상태'가 아니다. 나는 침묵을 '시간이 활동하는 반경', '시간이 그려가는 공간', '시간이 연주하는 특별한 음악'이라고 생각한다. 볼티모어의 존스홉킨스대학교가 실시한 과학 연구는 침묵이 '아무것도 없는 상태'가 아님을 밝혀냈다. 침묵은 뇌가 그대로 인식하는 소리 현상이라는 것이다. 침묵도 듣는 대상이다. 레스토랑의 소음이나 엔진이 윙윙대는 소리가 사라지면 침묵이 찾아오는데, 우리의 청각 시스템은 침묵을 소리와 같은 방식으로 다룬다. 침묵도 자체의 소리를 내고 있는 것이다.

침묵은 시간을 억지로 견디는 일이 아니다. 오히려 침묵을 통해 시간의 움직임에 동참한다. 더 이상 시간과 싸우는 것이 아니라 시간이 얼마나 깊고 긴 것인지 탐험한다. 우리는 끊임없이 활동적이다. 내일, 금요일, 그리고 그다음 날…. 그리고 이 시간이 지나면 우리는 다시 침묵과 함께 현재로 돌아온다. 소음이 침묵을 쫓

아낸다. "누구든 곰곰이 생각해보면 알 것이다. 과거에도 바빴고 앞으로도 바쁠 것이라는 사실을 말이다. 정작 현재는 거의 생각하지 않는다." 파스칼이 여기서 끌어낸 결론은 엄중하다. "이처럼 우리는 제대로 살아본 적이 없다. 살고 싶다는 희망을 가질 뿐이다. 그리고 우리는 항상 행복을 갈망한다. 행복을 갈망할수록 행복해질 수 없다."[10]

아름다움 역시 침묵이라는 훈련을 요구하기 때문에 놓칠 수밖에 없다. 우리가 입을 다물어야 아름다움이 말을 하기 때문이다. 요즘 우리 사회에서는 침묵이 점차 사라지고 있다. 이와 함께 우리는 아름다움을 놓치고 있다. 특히 아름다움에 주의를 기울이는 능력이 위태로워지고 있다. 자연보호헌장과 마찬가지로 '침묵보호헌장'도 하루빨리 시행해야 할지도 모르겠다.

소음이 모든 것을 뒤덮었다. 끊임없이 시끄러운 곳에서는 우리가 존재한다는 것을 들을 수가 없다. 이런 상황에서는 항상 시간이 부족하다고 느낀다. 우리는 시간에게 자리를 내어주지 않는다. 오히려 시간을 배경음악처럼 취급할 뿐이다.

침묵은 시간을 억지로 견디는 일이 아니다.
오히려 침묵을 통해 시간의 움직임에 동참한다.
더 이상 시간과 싸우는 것이 아니라
시간이 얼마나 깊고 긴 것인지 탐험한다.

계속되는 소음을 배경으로 모든 것이 그냥 지나가고, 모든 것이 사라진다. 단조로움이 연속적으로 이어지면서 우리는 피상적이고 일차원적이 된다. 반대로, 침묵은 시간 하나하나를 소중히 생각하며 독창적인 분위기를 만든다. 침묵이 하는 일이 있다. 우리가 살아가는 것을 존중하는 일이다.

정말로 실패를 통해 무언가를 배운다면 실패가 휴식과 침묵을 강요하기 때문이다. 실패하면 일단 멈춰 일상을 채우던 끝없는 소리를 잠재우고, 해야 할 일 목록에서 잠시 벗어나기 때문이다. 바쁘게 돌아가던 기계를 멈추면 긍정적인 효과가 있다. 무언가를 골똘히 생각하고 이해할 수 있으려면 침묵이 필요하다. 침묵 속에서 우리의 경험이 단단해지고 재배열된다.

미술사학자 다니엘 아라스로부터 배운 것이 있다. 아름다움과 침묵은 떼려야 뗄 수 없는 관계라는 것이다. 아라스는 자신의 경험을 들려주었다. 라파엘로가 1512년에 그린 〈시스티나 성모〉를 한 번 더 연구하기 위해 드레스덴에 갔을 때였다. 〈시스티나 성모〉는 회화

역사상 가장 많은 논평과 분석의 대상이 된 작품 중 하나다. 이 그림에서는 성모마리아가 어린 예수에게 세상을 보여준다. 성모가 어린 예수를 보호하는 것처럼 보이기도 한다. 성모가 구름 위를 걷는다. 구름은 마치 숨결에 밀려가는 것 같다.

아라스는 이미 잘 알고 있는 이 그림 앞에서 무려 한 시간이나 있었다. 그러자 "어느 순간 그림이 공중에 붕 떴다."[11] 그때 아라스는 이 그림을 마치 처음 보는 것 같았다. 신이 아이의 모습으로 나타났던 것이다. "이는 대단한 비극입니다. 신이 보인다는 것은 신이 곧 죽는다는 뜻이거든요."[12] 하늘과 땅을 다스리는 신의 전능함은 끝났다. 신은 그저 시작했기에 비극적으로 끝날 것이다. 마치 우리 인간과 마찬가지로 신은 태어나서 살아 있기에 결국 죽음을 맞는 것이다.

아름다움이 지닌 '대단한 힘'은 신, 죽음, 삶을 모두 의미한다는 데 있다. "이후로는 더 이상 〈시스티나 성모〉를 가만히 서서 볼 필요가 없어졌습니다. 그림이 스스로 일어나 다가오는 기적이 일어났거든요."[13] 아라스는 이렇게 말을 끝맺었다. 이런 기적을 경험할 수 있었던 것은 침묵 덕분이다. 시간을 자유롭게 풀어준다면, 즉 보이는 것이 있어도 침묵을 지킨다면 반드시 어떤 일이 일어날 것이다.

시끄러운데 신이 찾아오는 일은 없다. 정신없는 소음 속에서 의미를 찾는 일도 없다. 만일 찬란함이 예고도 없이 찾아오는 특별한 아름다움이라면 이 찬란함을 보기 위해 우리는 얼마나 침묵을 지켜야 할까? 침묵을 지켜야 한다. 아무 말도, 아무 생각조차 하지 말아야 한다. 다른 존재가 말하도록 내버려두자. 여기서 다른 존재는 그림이 될 수도 있고, 풍경이 될 수도 있고, 연극의 한 장면이 될 수도 있다. 침묵은 자신의 생각, 감각, 욕망을 풍부하게 만들 수 있는 시간이다. 침묵하지 않으면 만족이나 갈망 없이 우리 모두 그냥 쇠사슬에 매여 억지로 연결된다.

아름다움과 마주할 때면 아라스에게서 배운 방법을 철저히 실천한다. 바쁘게 돌아가는 기계를 잠시 멈추고, 침묵을 지키면서 아름다움에게 겸손하게 말을 걸며 찬양하는 방법이다. "먼저 말씀하시죠." 일종의 아름다운 공손함이다. 아름다운 공손함을 유지하면 항상 좋은 일이 일어난다. 주변의 사물들이 스스로 일어나 다가오는 기적을 일으키기 때문이다. 우리는 그저 편견, 속물근성, 편협한 감상법에서 자유로워지면 된다. 그렇게 주변의 사물들이 아름다움과 만날 기회를 주는 것이다.

글 앞에서, 그림 앞에서, 또는 바다 앞에서 나는 최소 3분 동안 입을 다무는 훈련을 한다. 침묵을 지켜야 할 곳은 영화관이나 공연장만이 아니다. 그 어떤 것도 내가 느끼는 것을 방해하게 놔두어서는 안 된다. 그러고는 보이는 것에 집중한다. 읽고 듣는 것, 그것이 전부다. 그런데 해보면 알겠지만, 3분이라는 시간은 꽤 길다.

침묵하는 훈련을 해야만 본질적인 것이 눈앞에 나타나고 기쁨이 일시적인 것이 되지 않는다. 아름다움과 함께할 때, 침묵이라는 은총으로 아름다움에 주목할 때 신이 찾아올 수 있다.

⑩ 아름다움이 나를 부를 때

특별히 무엇이 될 필요가 없는 나

présent

고속열차 테제베가 달린다. 아무것도 볼 여유가 없으니 스트레스다. 항상 여기저기서 할 일이 너무 많다. 언제나 지각하는 기분이다. 늘 제자리걸음이고, 그 어디에도 제대로 도착하지 못하는 것 같다. 열심히 달리지만 늘 제자리다. 이런 내 모습은 애니메이션 감독이자 영화배우인 텍스 에이버리의 애니메이션에 나오는 웃긴 캐릭터 같다. 열차는 이 추격전을 부추긴다. 열차 바퀴의 강박적인 리듬을 들으니 이번에도 뭔가를 느긋하게 감상하기는 틀린 것 같다. 금세 시야에서 사라지는 풍경은 제대로 경험하기도 전에 끝나버리는 나의 하루 일과 같다.

갑자기 눈에 들어오는 풍경이 있다. 평범한 작은 숲이다. 정신없는 속도 안에서 휴식처럼 느껴지는 존재다. 숲은 푸르고 푸르다. 주변에 있는 흰색 암소들은 조용하다. 하늘은 아이가 그린 그림에서 보이는 것처럼 파란색이다. 테제베는 이미 숲을 지나쳤지만, 몇 초 동안 휴식처럼 느껴진 작은 숲의 잔상이 여전히 머릿속에 남아 있다. 속도, 스트레스, 철로의 단조로움도 이런 나의 생각을 방해할 수 없다. 녹색 숲의 풍경을 떠올리니 내가 나무처럼 녹색이 된 것 같다. 멜로디가 흘러나온다. 들판은 평온하다. 심지어 초원의 암소들도 조금 멍하게 보일 정도로 조용하다.

내가 속한 세상은 단순히 순간과 상황들이 나열된 곳이 아니다. 세상은 나의 의무와 직업을 음미하고 색깔을 낼 수 있는 곳이다. 아름다움이 눈에 띄려면 존재의 무게가 필요하다. 눈에 들어오는 것에 진심이 되면 온전히 존재할 수 있다. 세상은 나에게 눈길을 주고 손을 내민다. "와서 봐! 그리고 존재하라고."

학교 다닐 때는 이름을 불릴 때가 특히 좋았다. 나의 존재가 중요해지는 것 같았고, 왠지 내가 없으면 아무것도 시작되지 않을 것 같다는 생각이 들었기 때문이다. 이름이 불리면 스스로 적극 참여하고 싶은 마음가짐이 되었다. 이름이 불리면 나 자신을 재발견할 수 있었고, 마치 초대를 받은 것 같았다. 아름다움에서도 같은 감정을 느낀다. 아름다움이 출석부에서 내 이름을 부르면 나는 "네"라고 대답한다.

그 누구도 나와 같은 것을 보지 못할 것이며, 보이는 것에서 얻는 것이 무엇인지에 관해서도 나와 같은 대답을 하지 못할 것이다. 이름이 불리는 것은 나다. 이렇게 나는 세상과 애정 어린 대화를 나누는 일대일 만남에 초대를 받는다. 나 자신을 충분히 믿고 진정한 나 자신이 되어야만 나라는 존재와 보이는 것에 가치를 부여할 수 있다.

자아도취? 자기중심주의? 오히려 그 반대다. 자아는 진정한 존재가 아니기 때문이다. 자아는 목표에 사로잡혀 있고 자기가 생각한 이미지에 갇힌 존재로, '이렇게 돼라, 저렇게 돼라' 끊임없이 닦달해 만들어진 존재다. 진정하지 않은 만들어진 '나'다. 즉, 소외된 자신이 자아다. 심지어 '나답게 살라'고 부추기는 자기계발도 진정한 나에 대한 이야기가 아니다. 그보다는 나에게 현실을 극복해 더 능력 있는 사람, 슬픔과 고통에서 벗어나 강철처럼 다시 일어서는 사람이 되라고 한다. 그러나 아름다움과 만나는 경험에서는 내가 특별히 무

주변 세상에서 일어나는 일에 주의를 기울이면서
세상 속에 온전히 존재해보자.
그러면 스쳐 지나가는 아름다움을 놓치지 않을 수 있다.
"저, 여기 있어요!"라고 대답하는 것은
세상의 부름에 응답하는 일이다.

엇이 될 필요가 없다. 그냥 나로 존재하면 된다.

아름다움과 만나면서 얼마나 평화로워졌는지 모른다. 나는 목표와 결과에 더는 집착하지 않는다. 더 이상 성공과 실패에 연연하지 않는다. 세상과 내가 서로 알아가는 과정만 있을 뿐이다. "만나서 반가워요!" "저도요!" 중간에 모니터도 필요 없다. 아름다움은 문화 속에 존재하든 자연 속에 존재하든 우리가 순간적으로 할 수 있는 마지막 경험에 속한다.

신경학자인 피에르 르마르키 박사는 최근에 실시한 신경과학 연구를 통해 아름다움이 존재의 문제라는 사실을 밝혀냈다. 한마디로, 내가 〈모나리자〉 그림을 볼 때나, 실제 사람 앞에 있을 때나 두뇌에서 활성화되는 부위가 같다는 뜻이다. 따라서 이미지나 표현에서 아름다움을 만나기도 하지만, 아름다움은 근본적으로 이미지나 표현으로만 한정되지 않는다.

아름다움은 실체가 있는 존재다. 두뇌는 우리가 〈모나리자〉 그림을 감상할 때나 실제로 미소 짓는 모나리자를 사람 형태로 만날 때나 똑같이 인식한다. 우리는 단순히 아름다움을 바라보기만 하는 수동적인 관객이 아니라 아름다움과 상호작용하고 대화한다. 이처럼 아름다움 앞에서 우리는 자신이 고유한 존재임을 느낀다. 아름다움과 만나지 못하면 우리는 메마르고 타락한다.

내가 세상에 온 이유는 아름다움이 부르는 소리를 놓치지 않기 위해서다. 아름다움이 지나가는데도 고개를 숙이고 눈을 감은 채 다른 것에 몰두하고 싶지 않다.

우리 각자에게는 일종의 '코기토Cogito'가 있다. 데카르트의 유명한 근본 철학이다. 이는 '나는 생각한다, 고로 존재한다'처럼 우리가 흔히 알고 있는 건조하고 차가운 철학이 아니다. 데카르트도 아니라고 부인했다. 오히려 '나는 나다, 나는 존재한다'[11]이다. 《성찰》의 라틴어 원문 'Ego sum, ego existo(나는 존재한다, 나는 현존한다)'에서 나온 것으로, 데카르트가 내린 결론에 따르면, 어떠한 생각이든 생각을 하고 있다는 사실만으로도 우리는 실제로 존재한다.

미적 경험은 자신의 존재를 분명히 알리는 또 다른 증거다. "저, 여기 있어요!" 하고 말하는 것과 같다. 살다 보면 정작 나 자신을 보지 못할 때가 많다. 해야 할 일에 파묻힌 나는 마치 다른 일로 정신없는 선장만 있는 배와 같다. 아름다움의 철학도 데카르트의 철학과 원리가 같다. 아름다움의 철학은 나에게 고개를 들어 나 자신부터 바라보라고 한다. 나 자신을 바라보는 순간부터 내가 존재함을 표시하게 된다. 그것은 마치 서명을 하는 것과 같고, 기념할 만한 날을 남기는 것과 같다. 내가 하고 있는 것을 원하고, 내가 느끼는 것이 곧 나라고 알리는 표식과 같다. 나는 생각한다, 고로 나는 존재한다. 아름다움과의 약속은 일부러 잡거나 계획할 필요가 없다. 아름다움이 언제나 알아서 우리를 발견할 수 있기 때문이다.

이제부터 파리와 브장송을 연결하는 테제베는 단순한 교통수단이 아니다. 열차를 타고 그 작은 숲은 꼭 다시 보고 싶다. 그런데 살짝 겁이 난다. 마치 막상 사랑에 빠지면 설렘이 사라질까 봐 겁을 내는 사람이 된 것 같다. 도로가 새로 깔려서 그 작은 숲이 예전과 같은 모습이 아닐까 봐 두렵기도 하다. 그 작은 숲은 파리-브장송 테제베를 타면 또 볼 수 있을지도 모른다. 정확히 어디에 있는 숲인지는 몰라도 된다. 그 숲은 앞으로도 존재할 것을 알고 있기 때문이다. 세상은 약속을 잘 지킨다. 그래서 나는 큰소리로 망설임 없이 이렇게 대답할 것이다. "저, 여기 있어요!"

몽파르나스역의 칼새

이미 우리 옆에 존재하는 찬란함

martinet

멘Maine 거리를 다시 오르면서 속으로 투덜거린다. 역 주변이 왜 이렇게 추한지 이해가 되지 않는다. 황량한 분위기에 거리도 썰렁하고 건물들은 우중충해 주변 환경과 어울리지 않는다. 오르막길은 조금 힘들 뿐이지만 여전히 화가 난다. 어떻게 이토록 도시를 끔찍하게 만들 수 있을까? 콘크리트는 왜 이렇게 많고, 나무는 왜 이렇게 안 보일까? 공간을 파괴하면 우리의 삶도 망가진다.

그때 갑자기 칼새들이 지저귀는 소리가 들린다. 칼새들이 몽파르나스역의 먼지투성이 하늘을 날고 있는 모습이 보인다. 그 모습이 사뭇 유쾌하다. 이 새들의 등장 덕분일까? 풍경이 더 이상 추하게 보이지 않았다. 그럼에도 이곳은 여전히 미학이 파괴된 현장이다. 단순히 문제 있는 취향으로만 치부하며 넘길 수는 없다. 이곳은 타락하고 천박한 존재와도 같다. 추악함이 제도로 만들어진 경우도 있다. 병원, 학교, 도심이 좋은 예다.

실용적인 목적으로 누구나 이용하는 시설은 확실히 아름다움과는 거리가 멀다.

어쩌면 획일화 과정에 책임이 있을지도 모른다. 공공장소에서 개인의 개성은 무력화되기 때문이다. 여기에서 우리는 그저 '환자', '학생', '주민', '관광객'이라는 큰 덩어리로만 존재한다. 단체관광에서 관광객들은 하나의 집단으로 취급받는다. 그래서 그들은 비슷한 물건을 사고, 유명하다는 자연환경과 장소를 똑같이 다닌다.

왜 도시 정책과 지방 정책에서 아름다움을 필수 조건에 포함하지 않을까? 왜 정책과 결과에서, 모델링과 건설 프로젝트에서 미적 가치를 측정하지 않을까?

이런 문제가 해결되었다면 도심이 하나같이 비슷한 모습으로 만들어지고 프랜차이즈 가게들이 즐비한 모습이 되지는 않았을 것이다. 아무리 작은 공간이라도 예술 작품처럼 느껴지는 베네치아에도 철창처럼 보이는 수상버스는 만들어지지 않았을 것이다. 사람들이 아름다움을 기준으로 삼고 관광을 한다면, 혼자라도 노르망디 해안의 작은 섬 몽생미셸에 가보고, 주차장의 아스팔트 대신 하늘에 관심을 가질 것이다. 우리에게 꼭 필요한 것은 아름다운 도시를 만드는 업무를 담당하는 정부 부처다.

몽파르나스역 주변에 갑자기 나타난 칼새들을 보면서 공존의 의무를 생각한다. 우리 인간은 동물들과 함께 살아가지만, 욕심을 채우기 위해 아무렇지도 않게 잔인한 방법을 사용한다. 인간은 더 이상 기르는 개의 '주인'도 아니고, 하늘을 나는 새들의 '주인'도 아니다. 우리 인간이 주인인 것처럼 동물들을 무시하고 존엄성을 해칠 때 우리는 더욱 추해진다. 그렇게 되면 인간들도 결국에는 서로를 무시하고, 계산적으로 일회용처럼 대한다.

아름다움이 자라고 추함이 메마르면 세상이 비옥해진다고 니체는 주장했다. "추함이 끼치는 영향은 눈에 보인다. 일반적으로 우울증에 빠진 사람은 뭔가 '추한 것'이 가까이에 있다. 용기와 자신감은 추함이 함께하면 떨어지고, 아름다움이 함께하면 올라간다."[15]

아름다움이든 도덕이든 추해지면 나 자신이 무너진다. 나라는 존재가 없어지고, 나다움이라는 특별한 즐거움이 사라진다. 추함은 부당함과 마찬가지로 상처를

쓸쓸한 거리를 방황하는 새들 몇 마리만 있어도
도시는 축복의 공간이 될 수 있다.
아름다움은 차가운 기계에 불어넣어진 생명이며,
경직된 것에 마련된 틈새다.
아름다움을 볼 줄 아는 사람은
자기 자신은 물론 자신이 속한 세계에
존엄성을 부여할 줄 아는 사람이다.

준다. 무시당하고 가치를 인정받지 못한다는 기분을 느끼게 하기 때문이다. 추한 사람은 배제되어 세상일에도 참여하지 못한다. 세상의 일원이 되지 못하니 자신이 쓸모없다는 생각에 빠진다. 추함은 더러움과 소외를 가져오는 '악'이다.

아름다움이 파괴되는 이유는 무엇보다도 우리가 아름다움에 무관심하기 때문이다. 석양, 북극 오로라, 밀물이 필요하다는 생각을 해야 우리 주변에 관심을 가질 수 있다. 지구가 위기에 처해야 비로소 지구를 보호하는 방법을 생각하는 것과 같다. 그런데 찬란함은 요란하지 않다. 찬란함은 자극을 주려는 마음도 없고, 애써 자신을 드러내려 하지도 않는다. 그렇기 때문에 우리는 찬란함의 존재를 제대로 보지 못하고 지나칠 때가 많다.

북극 오로라를 본 적이 있다. 하지만 북극 오로라를 찬란함의 범주에 넣을 생각은 없다. 오로라는 탄성을 자아내고, 평소와는 다른 신비한 색깔로 경외감을 느끼게 한다. 하지만 북극 오로라는 아름다움을 화려한 볼거리와 불꽃놀이 같은 것으로 축소한다. 북극 오로라는 어딘가 인위적이고 기술적이어서 찬란함을 보는 법을 가르쳐주지 못한다.

쓸데없는 일로 바쁘든 휴가 중이든 우리가 보지 못하는 것이 있다. 세상 속에 존재하는 우리를 스스로 하찮게 만든다는 것이다. 이유는 단순하다. "반짝이는 별, 파도 소리, 새벽을 앞둔 시간의 조용함이 얼마나 사람들의 관심을 끌까?" 철학자 시몬 베유가 한탄하면서 했던 말이다. 베유의 판단은 정확하다. "세상의 아름다움에 관심을 기울이지 않는 것은 배은망덕한 죄다."[16]

세상을 아름답게 꾸미자는 말이 아니다. 세상을 아름답게 꾸민다는 것은 애당초 아름다움이 존재하지 않으니 아름다움을 만들어야 한다는 뜻이 되기 때문이다. 그보다는 이미 존재하는 아름다움을 보는 눈을 기르자는 것이다. 겸손하면서도 지속적인 방식으로 아름다움을 보는 눈이 필요하다. 그리고 이렇게 발견한 아름다움을 자양분 삼아 성장하자는 뜻이다. 이를 위해서는 보고 경험하는 것에 가치를 부여해 더 나은 자신이 되어야 한다.

왜냐하면 우리는 세상으로부터 많은 혜택을 받고 있기 때문이다. 아름다움을 경험하려면 관심과 존중이 필요하다. 또한 아름다움은 하나의 권리다. 생각할 권리, 오고 갈 권리와 똑같은 권리다. 내가 기대하는 것은 '아름다움의 공화국'이다.

혹자는 철학자의 생각처럼 너무 추상적이라 행동을 이끌어내기는 힘들 것이라고 말할지도 모르겠다. 나무와 건물이 어우러지는 환경을 만드는 것, 담장을 울타리로 바꾸는 것, 공장식 축산업에 분노하며 콘크리트로 둘러싸인 도시를 친환경적으로 만드는 것, 아름다움을 보는 눈을 키우는 교육(음악, 미술, 시, 도시 산책 또는 자연 속 산책)을 학교 교육과정에 포함하는 것, 구내식당에 채식 메뉴를 내놓는 것, 도시의 동물들을 정성스럽게 돌보는 것, 고슴도치와 박쥐 같은 야생동물도 도시에 서식할 수 있게 받아들이는 것…. 이런 활동이 철학적일까? 아니면 정치적인 용기를 호소하는 일일까? 그것도 아니라면 아름다움을 존중하는 시민교육일까?

우리가 사는 세상은 그 어느 때보다도 아름다움과, 그것을 감지하는 우리의 능력이 필요하다. 그런데도 유럽과 프랑스에서 이루어지는 각종 프로젝트를 보면 아름다움은 여전히 관심 밖이다. 아름다움에 대한 관심을 높이는 일이 시급하다. 지구를 살리는 일은 더 이상 토론의 주제에 그치지 않고 구체적인 행동으로 계획성 있게 이어져야 한다. 아름다움에 대한 문제를 고민하는 태도 역시 중요하다. 분리수거와 재활용은 물론 우리 주변의 찬란한 아름다움에 주의를 기울이는 여유 역시 일상에 포함시켜야 한다.

쓸쓸한 거리를 방황하는 새들 몇 마리만 있어도 도시는 축복의 공간이 될 수 있다. 아름다움은 차가운 기계에 불어넣어진 생명이며, 경직된 것에 마련된 틈새다. 아름다움을 볼 줄 아는 사람은 자기 자신은 물론 자신이 속한 세계에 존엄성을 부여할 줄 아는 사람이다. 이런 사람은 위대함과 일상, 지금 이곳과 저 먼 곳을 반대 개념으로 보지 않는다.

세상의 찬란함은 언제나 깨달음과 같다. 생각지도 못한 일이 갑자기 일어나 환하게 빛난다. 몽파르나스역 주변에서 춤추듯이 날던 칼새들이 가르쳐준 교훈이다.

12
팔레르모의 예배당

처음 간 여행지에서 느낀 향수

Palerme

11월의 어느 날, 내리는 비가 왠지 절망스럽게 느껴진다. 칼새들이 지저귈수록 멘 거리는 영원한 월요일 속에 잠기듯 잿빛이다. 내가 사는 도시에는 아름다움이라고는 없다. 떠나고 싶은 마음이 솟구친다. 다른 곳에는 왠지 아름다움이 있을 것 같다. 여기보다 아름다운 곳이 있을 것이라는 생각에 우리는 여행을 떠난다.

여행지로 이탈리아 시칠리아섬의 도시 팔레르모를 선택했다. 아직 가본 적이 없는 곳이다. 팔레르모를 찾는 수백 명의 방문객들처럼 나도 노르만 궁전과 궁전의 예배당에 들어가기 위해 줄을 섰고, 뒷문으로 들어섰다. 방문객은 생각지도 못한 경험을 한다. 일단 문턱을 넘으면 눈이 부시다. 마치 천국에서 직접 내려온 빛처럼 곳곳이 투명하고 황금색이다.

어쩌면 찬란함은 실제로 천국에 어울릴지도 모르겠다. 찬란함이 나타날 때마다 고향으로 돌아가는 느낌이다. 고향은 우리의 진정한 장소다. 그곳에서 감각은 더욱 강렬해지고, 말은 더욱 의미를 갖는다. 갑자기 삶이 밝은 분위기를 띠고 자연스러워진다. 드디어 삶이 편하게 자신의 자리를 찾으며 색깔을 되찾는다.

팔레르모 예배당은 천국과도 같다. 처음에는 볼 수 있는 것이라고는 모자이크 문양의 벽뿐이었다. 고통스러울 정도로 아름답다. 스탕달 증후군을 겪는 것 같다. 이 아름다움에 눈이 익숙해져야 계속 편히 방문할 수 있을 것 같다. 탄식이 절로 나온다. "너무 아름답다." 너무나 아름다운 대상이 눈앞에 있으니 문득 내가 잃어버렸을지도 모르는 것이 떠오르는 것 같다. 행복하고 충만하며 우울함을 크게 느끼지 않던 인생 방식이다.

갑자기 아련한 향수에 젖어든다. 살면서 무심하게 지나쳤던 것들이 떠오르는 것 같다. 이미 지나간 과거는 후회하지 않는다. 하지만 미래에 뭔가 놓치는 것이 있을까 걱정이 된다. 나의 생각과 느낌에 사로잡힌 채 되찾은 아름다움 속에서 살아가야겠다고 스스로에게 말을 걸어본다. 이런 일은 왜 자주 일어나지 않을까? 내가 대부분의 시간을 이렇게 아름다움에 사로잡힌 채 보내는 곳이 어디일까? 이 모자이크 앞에서, 에덴동산에서 온 듯한 황금색, 빨간색, 초록색의 어우러짐 앞에서 나는 나사가 풀리는 듯한 느낌을 받는다.

　이 완전함과 고결함과의 만남은 운명이었다. 아름다움과의 약속을 놓쳐서는 안 되는 이유가 있다. 아름다움은 내가 원래 존재했던 곳으로 안내해주기 때문이다. 이처럼 나에게 무언가를 초월한 느낌을 안겨주는 아름다움과의 만남은 만족스럽다. 아름다움을 보면 자신을 아름답고 가치 있게 볼 수 있다. 이때의 기분은 웅장함이라는 후광에 둘러싸인 것 같다. 팔레르모를 찾아간 오후는 존경과 도취를 한 번에 경험한 순간, 그러니까 엄숙한 찬란함과 만난 순간이었다.

　이토록 완전한 만족감을 얻는 경험은 흔치 않다. 그렇기 때문에 아름다움이 가져다주는 진한 감동을 느낄 때 큰 충격을 받는다. 우리가 진짜로 존재한다는 느낌을 받으려면 지평선처럼 무한한 것과 마주해 극도의 만족감을 느껴야 한다. 팔레르모 예배당에서 눈물을 흘린 이유는 이런 경험을 거의 해보지 못했던 나날들이 생각났기 때문이다. 그리고 진정 살아 있다는 매혹적인 사

인생은 그냥 생존하는 것이 아니다.
인생에는 그 이상의 의미가 있다.
이를 깨닫게 해준 것이
아름다움과 마주했을 때 느끼는 극도의 기쁨이다.
그러나 '기쁨'이라는 표현만으로는 부족하다.
아름다움의 등장은 기적과 같다.

실이 실감이 났기 때문이다.

인생은 그냥 생존하는 것이 아니다. 인생에는 그 이상의 의미가 있다. 이를 깨닫게 해준 것이 아름다움과 마주했을 때 느끼는 극도의 기쁨이다. 그러나 '기쁨'이라는 표현만으로는 부족하다. 이를 묘사할 만한 다른 표현이 필요하다. 그렇다. 아름다움의 등장은 기적과 같다. 평소의 법칙이 멈추고 또 다른 현실이 눈앞에 펼쳐질 때 우리는 이를 '기적'이라고 말한다.

"아름다워"라는 말은 항해 끝에 선원이 내뱉는 "육지다!"라는 말과 같다. 선원의 "육지다!"라는 말도 나의 "아름다워"라는 말과 마찬가지로 오랜 염원을 이룬 안도감을 표현한다.

2023년 7월 24일에서 25일로 넘어가는 밤에 팔레르모는 폭염에 휩싸였다. 팔레르모가 있는 시칠리아는 한여름을 맞아 최고 기온이 48도에 달했다. 우리는 아름다움에게 어떤 미래를 줄 수 있을까? 아름다움이 없다면 우리의 인간성도 사라질 수 있다.

내가 노르만 궁전에서 본 것은 값을 매길 수 없을

정도로 귀하다. 황금과 빛으로 가득한 궁전 안에서는 몰려드는 관광객들도, 어수선한 분위기도, 셀카를 찍는 사람들도 아름다움 앞에서 눈물을 흘린 나의 기쁨을 망칠 수 없다. 내 눈앞에 보이는 것이 행복이기 때문이다. 나의 배가 마침내 그곳에 정박했다. "육지다!"

⓭ 새로운 여행 철학

여행에 실패하는 방법

voyage

때때로 풍경이 전하는 찬란함을 마주하면 마치 한 편의 연극을 보는 것 같다. 그리스의 에피다우로스 원형경기장에서 상영되었을 고전 비극을 상상해본다. 저 멀리 보이는 바다, 올리브 나무의 은빛 도는 초록색 나뭇잎들 사이로 부는 바람, 고요한 하늘이 눈앞에 펼쳐진다. 여기서는 모든 것이 본질적이다. 진부하고 일회적인 것은 하나도 없어 보인다. 마치 세상이 가장 중요한 장면 하나를 쓰고 있는 것 같다. 나도 여기서 역할을 하나 맡는다. 모든 것이 투명할 정도로 명확한 것으로 가득 차 있다. 바로 내가 막연히 찾고 원하던 것이었다. 여기까지 여행한 것도 이 순간을 경험하기 위해서인 것 같다. 찬란한 풍경과 깨달음이 있는 이 순간을.

우리는 아름다움이 있는 곳을 보기 위해 낯선 곳으로 여행을 떠나는 것이 아닐까? 궁극적으로 우리가 만나고 싶은 것은 아름다움이다. 그리고 이 여정에서 지참해야 할 바이블과 같은 책이 있다. 바로 니콜라 부비에의 《세상의 용도》다. 1953년 여름, 24세의 부비에는 배를 타고 제네바에서 베오그라드와 아나톨리아를 거쳐 카불로 향했다. 부비에는 어떤 편견이나 기대도 없이 방랑자처럼 달랑 짐 하나 들고 세계 여행에 나섰다. 눈, 종이, 연필, 약간의 우수에 젖은 감정만 있으면 충분했다.

부비에는 여행이란 새로운 풍경을 발견하고 바다와 국경을 넘는 것이 아니라고 일침을 가했다. 그가 생각하는 여행은 우리의 관점을 바꾸는 것이었다. 여행이야말로 세상을 만드는 데 필요한 도구라고 본 것이다. 그는 소유하는 사람의 방식으로 세상을 탐험하지 말고 세상과의 만남에서 저절로 놀라는 순간을 맞이해야 한다고 주장했다. 때로는 세상이 실망시키더라도 그대로 받아들여야 한다는 것이다. 부비에는 또 다른 저서 《물고기-전갈 Le Poisson-Scorpion》에서 새로운 여행 철학을 한층 발전시켰다. 이 책은 내가 가장 많이 참고하는 여행 가이드북인데, 아름다움과 추함이 뒤섞여 고통스러우면서도 찬란한 의식이 되는 것을 발견하는 신선한 탐험 이야기가 펼쳐진다.

그런데 모든 것이 모여 매혹적인 것을 만들어낸 예가 있다. 실론섬(현재의 스리랑카), 이국정서, 모험과 같은 것들이다. 그러나 살다 보면 모든 게 계획대로 되지는 않는다. 부비에가 병에 걸리고 만 것이다. 태양은 끔찍할 정도로 뜨거웠고, 밤에도 숨이 턱턱 막히게 더웠다. 이런 여행이라면 흥분이고 뭐고 기대하기 힘들었다. 고통스럽고 힘겨운 경험만이 있을 뿐이었다. 주민들은 환대하는 분위기가 아니었다. 도시는 온통 소음과 먼지뿐이었다. 숨 막히는 습기로 덮인 모든 것은 지루했다.

이 특별한 상황에서 부비에는 실망도 했고 자신을 포함해 인간과 세상에 혐오감을 느꼈으나, 여행의 진정한 본질만은 알게 되었다. 그의 여행은 성공적인 여행, 대단한 것을 눈에 담는 여행과는 거리가 멀었다. "여행은 이국적인 정서와 특별한 에피소드로 장식된 크리스마스트리 같은 것이 아니다."[17] 부비에가 했던 말이다. 아름다움은 수요와 공급의 법칙을 따르지 않는다. 아름다움은 우리를 만족시켜야 할 의무가 없다. 오히려 그 반대다. "여행은 깃털을 뽑히고 물로 씻긴 후 물기가 마르는 것을 경험하는 여정이다."

부비에의 방식은 까다롭다. 그것은 여행을 하는 자세나 여행작가의 속물근성과는 관계가 없다. 그는 우리에게 모든 것을 철저히 다른 관점으로 보라고 부추긴다. 지구를 마트의 통로처럼 나누지 말라고, 줄거리와 결말을 통제할 수 없는 책을 문장으로 나누지 말라고 깨달음을 주는 것이 부비에의 방식이다. 이 방법을 실천하려면 노력이 필요하다. 주변을 있는 그대로 보려는 노력, 주변을 우리가 원하는 대로 보지 않으려는 노력이 필요하다.

우리가 여행을 하는 것이 아니라 여행이 우리를 변화시키는 것이라고 그는 주장했다. 여행을 통해 우리는 '말 없는 손님'이 되어, 세상이 마땅히 주어야 한다고 생각하는 것을 기대하지 않고 조바심을 내지 않는 법을 배운다. 우리는 흔히 돈을 냈으니 여행에서 원하는 것을 세상으로부터 얻어내야 한다며 조바심을 낸다. 하지만 세상에 대고 힘을 휘두르고 싶은 욕구를 포기하는 법을 우리는 여행에서 배운다.

너무나 자주 강요, 의무, 명령에 짓눌리는 일상을 살아서일까? 우리는 그 반대급부로 무언가를 지배하고 누가 우두머리인지 보여주고 싶은 갈망을 느낀다. 우리 인간은 "앉아!", "일어서!", "누워!"라고 명령을 내리면서 스스로 개의 주인이라고 생각한다. 어쩌면 우리 인간이 너무나 자주 목줄에 끌려다니기 때문일까? '지하철 출근-일-잠자기'의 반복으로 대표되는 일상의 삼중주 다음에는 어떤 것이 있을까? 휴가도 목줄에 끌려다니면서 보내기는 마찬가지다. 엄지손가락을 들어 올리고, 다른 사람의 목소리로 자신을 꾸민다. 사람들은 세상에 대고 무조건 자신에게 친절하게 대해달라고 떼를 쓴다. 우리의 휴가를 제대로 망치는 길이다.

우리는 여행하며 지나간 공간과 거리가 우리의 의지를 나타낸다고 생각한다. 그래서 우리는 여행을 성과처럼, 휴가를 격투 스포츠처럼 만든다. 이를 위해 우리는 전력을 다하고, "뭐든 하겠다"라고 외친다. 하지만 나는 누군가 큰소리로 "즐겨!"라고 이야기하면 오히려 불안에 휩싸인다. 죄책감을 느끼고, 왠지 실패와 부끄러움이 남을 것 같다는 불길한 생각을 한다. 만일 여행에서 돌아와 특별히 들려줄 이야기가 없으면 어쩌지? 여행을 했는데 성과가 없으면 어쩌지?

실수하는 지점이 바로 여기다. 우리가 존재의 공허함을 채우려는 불안한 마음으로 세상을 만나러 여행을 떠난다는 것이다. 마치 우리가 살아 있음을 느끼기 위해 의무감처럼 떠나는 모험과 다를 바가 없다. 하지만 이렇게 한다고 공허함이 채워질까? 우리에게는 이미 수천 개의 말과 감각으로 가득한 내면의 삶이 있지 않은가. 아름다움이 가장 먼저 빛을 발하는 것은 내면의 삶이 아닐까? 이렇게 많은 말과 감각으로 채워진 내면의 삶을 간직한 채 우리를 안아주는 무언가를 발견하러 여정을 떠나야 하는 것이 아닐까?

무조건 이득을 봐야 한다는 강박관념에 사로잡힐 필요는 없다. 이는 우리 자신의 삶을 마치 집중적으로 길러서 수확해야 하는 대상처럼 보는 것과 같다. 그렇게 초조하게 즐길 필요는 없다. 우리는 그저 있는 그대로의 모습으로 존재하고, 그런 우리 자신을 편하게 놔두기만 하면 된다. 가장 먼저 챙겨야 하는 짐은 우리 내면의 삶, 상상력, 꿈, 정말로 원하는 것을 하겠다는 마음이다. 이러한 삶이 진정한 우리 자신의 삶이다. 끊임없이 외부를 바라보고 다른 사람들의 인정과 확신을 구하는 불안한 자아는 진정한 우리의 삶이 아니다.

내면의 삶은 비자도 필요 없고, 입국 심사도 필요 없다. 자연스러움과 진정성을 증명하라고 요구하지도 않는다. 내면의 삶은 정체성을 증명하라는 요구는 일체 하지 않는다. 이것은 오히려 프랑스어로 '퓌그fugue'에 가깝다. '퓌그'에는 '배회'와 '푸가곡'이라는 두 가지 뜻이 있다. 익숙한 것에서 탈출하고, 분류에서 벗어나며, 다양한 방식으로 연주되려는 삶이 내면의 삶이다. 여행에서 우리가 근본적으로 추구해야 하는 것은 평소의 자신에서 벗어나 새로운 자신이 되는 일이다.

우리는 공허함이 두려워서, 동시에 완전한 자유가 겁이 나서 또 다른 실수를 한다. 시간을 '해야 할 일'과 '봐야 할 것'으로 채우는 상자로 생각하는 실수다. 하지만 시간은 평범한 상자가 아니다. 시간은 고유한 규모와 파동을 지니고 있는 존재다. 평소에는 늘 시간이 부족하다고 투덜거리지만, 길을 가다가 아름다운 풍경과 마주하면 시간이 길게 느껴지듯이, 아름다움을 경험하면 시간을 깊이 탐험하고 오랫동안 음미할 수 있다. 시간은 돈이 아니라 예기치 못한 우연이다.

부비에가 전하고 싶었던 이야기는 여행이 우리에게 시간을 주는 방법이다. 그런데 여행에서 시간 여유를 느끼려면 조건이 있다. 여행을 하면서 감탄하고 흥분해야 한다는 의무감에서 해방되어야 한다는 것이다. "아, 이 작은 호수! 아, 이 지역의 풍경! 이 상징적인 것!" 일부러 이렇게 할 필요는 없다는 뜻이다. 여행이란 단순히 무조건 시간을 많이 들이고 여기저기를 다니는 행위가 아니기 때문이다. 침대가 있는 방 안에만 있어도 멀리 여행하는 것이 가능한 이유다. 부비에에게 일어났던 일처럼 말이다.

부비에의 실패한 여행기 덕분에 나는 깨달음을 얻었다. 지나치게 바삐 움직이는 나날이 계속될수록 삶은 단축된다는 깨달음이다. '양'이 기준이 되면 늘 부족하다고 느낄 수밖에 없다. 이것도 하고 저것도 해야 하는 반복되는 일상에서 시간은 항상 부족할 수밖에 없다. 생산성과 투자 대비 수익에 집착하지 않을 때 그만큼 세상이 잘 보인다.

《물고기-전갈》은 제목과는 달리 생물에 관한 책이 아니다. 얼핏 보면 동물 이름이라고 오해할 수 있지만, 실제로 책 제목이 뜻하는 것은 별자리에서 물고기자리와 전갈자리 사이 9개월의 시간이다. 나는 물고기자리와 전갈자리를 직접 경험했다. 서인도제도에서 친구와 함께 있을 때였다. 슬로건은 '온전히' 휴가를 경험하고 주변 배경을 감상하는 것이었다. 저녁마다 시끄러운 음악, 백사장, 야자수, 캠프파이어가 이어졌다. 정말 즐거웠나? 잘 모르겠다. 결국 계속 피곤하기만 했다. 밖에서 시간을 보내는 일정으로 가득했고, 마지막 한 주만 사방이 벽으로 막힌 방 안에서 보냈다. 그리고 여기에서 위안을 찾았다.

여행은 신나는 순간을 수집하는 것이 아니다. 일상의 루틴처럼 보내도 시간을 깊이 탐구하며 몰입하는 것이 여행이다. "등대까지 달려가서 바다 안에서 몸을 식힌다. 담배를 피우러 다시 물에서 나온다. 두 시간을 잔다. 그리고 밤에 산책한다."[18] 부비에의 기록이다. 부비에처럼 실패한 여행 일지를 작성해보면 어떨까? 오는 것은 그대로 맞이하고, 걱정이나 과한 활동에서 벗어나면서 말이다.

　찬란함을 느낀 순간도 시간이 흐르면 지나갈 수 있다. 하지만 우리를 모든 의무와 압박감에서 구해줄 수 있는 것은 찬란함을 느낀 순간이다. 자유롭게 살면 된다. 지금 있는 곳이든 다른 곳에 가든, 일상 속에서든 일상에서 벗어난 여행이든, 우리가 보고 느끼는 것이 우리만의 빛나는 이야기를 만들어줄 것이다.

> 결국 존재의 뼈대를 만들어주는 것은 가족도, 내가 쌓아온 커리어도 아니다. … 진정한 자신으로 돌아가는 순간이다. 진정한 자기 자신과 만나게 해주려고 나를 끌어올려주는 힘은 사랑의 힘보다 평온하다. 우리의 마음이 약하면 삶에서 얻는 이러한 힘도 그만큼 적어진다.[19]

부비에의 여행 방식을 배워보자.
여행이란 계획에 없던 것을 발견하기도 하는 기회다.
특별한 경험을 해야 한다든지
버킷 리스트는 꼭 해봐야 한다든지 하는 의무에서 벗어나
자유롭게 몸을 맡겨보는 것이다.
의무에 집착하면 우연한 발견의 기회를 놓칠 수 있다.

14
타두삭의 고래

희망을 경험하는 일

baleine

팔레르모, 파리, 스리랑카, 캐나다…. 여행을 통해 우리는 세상과 만나 영향을 받는다. 먼 곳을 여행하든 가까운 곳을 여행하든 장소는 중요하지 않다. 여행은 탐구가 아닌 관심의 문제다. 여행은 소비가 아닌 호기심의 문제다. 이때 필요한 것은 감탄하는 능력이 아니다. 감탄하는 능력은 충족되기를 너무나 갈망하는 마음과 연결되기 때문이다. 정말 필요한 능력은 미지의 대상, 예상하지 못한 것, 분류할 수 없는 것에 관심을 두는 능력이다. 이러한 가르침을 준 것은 미국 출신의 여행작가 피터 매티슨이다.

그의 여행의 가장 독창적인 점은 아무것도 보지 않는 여행이라는 사실이다. 1973년에 매티슨은 네팔과 티베트 사이에 있는 오지인 돌포로 떠났다. 눈표범을 관찰하기 위해서다. 하지만 정작 눈표범은 보지 못했다. 이때 매티슨이 깨달은 것이 있다. 세상을 발견하려면 세상을 있는 그대로 받아들여야 한다는 사실이다.

여기에 내 의견을 덧붙이면, 눈에 보이는 것에 완전히 참여하는 태도도 중요하다.

그런데 우리가 여행을 하는 이유는 염두에 둔 것을 얻기 위해서일 때가 많다. 예를 들어, 카프리섬이 믿을 수 없을 정도로 대단하고 이탈리아가 멋지다는 것을 직접 확인하기 위해서 떠나는 식이다. '~을 해야겠다'는 의지를 중시하는 태도는 의지가 강하다기보다는 무언가를 봐야겠다는 강박증에 가깝다. 이때 '나는 ~을 하고 싶다'라는 건 보통은 무언가를 보고 싶다는 걸 의미한다. 그런데 이런 식으로 여행하다 보면 현재 있는 곳에 집중하지 못하고 금세 다른 곳으로 떠나고 싶어 안달하게 된다. '카프리섬은 다 봤다. 이탈리아도 다 봤다'는 식이다. 그러면 다녀온 여행지 목록은 자랑할 수 있어도 정작 기억에 남는 이야기는 없을 것이다.

우리의 존재는 산, 바다, 과거, 현재, 하늘, 동물, 신처럼 다른 모든 존재와 긴밀히 연결된다. 아름다움은 우리의 동반자이지 대립하는 대상이 아니다. "우리는 삶의 등에 올라탄다. 우리가 곧 삶이다."[20] 매티슨의 주장이다. 우리는 혼자 걷는 것이 아니라 세상과 함께 걷는다. 우리는 세상의 존재 일부를 공유한다.

그래서 만일 눈표범을 보지 못한다 해도 여기에서도 나름의 아름다움을 발견할 수 있다. "다시 천천히 산을 내려간다. … 버터를 넣은 차와 바람의 이미지, 크리스털 산과 독특하게 생긴 양떼가 눈 위에서 춤을 춘다. 이것으로 충분하다." 그래서 눈표범을 봤냐는 질문을 받으면 매티슨은 이렇게 대답할 것이다. "아뇨! 멋지지 않나요?"[21]

아름다움은 세상이 내게 한 맹세다. 그러니 아름다움이라는 존재만으로도 충분하다! 아름다움은 희망을 경험하는 일이기도 하다. 아직은 곁에 없지만 이미 가지고 있는 것처럼 느껴지는 열정과 같다. 목표와 계획이 없어도 마음과 정신은 정화되고 자발적이 된다. 여기서 멈추지 말고, 그곳으로 가지 말고, 그 풍경에서 멀어지자! 표범들이 도망가지 않게 알아서 비켜주자!

걸어서 가든 낙타를 타든 자전거를 타든, 우리는 아름다운 곳이 있다고 하면 정말 사진에서 본 것처럼 멋진지 직접 가서 보고 싶어 한다. 우리 인간은 채집가보다는 사냥꾼의 영혼을 갖고 있다. 우리는 트로피를 거머쥐듯 아름다움을 소유하고 싶어 한다. 이런 마음이다 보니 우리는 실망에 극도로 취약하다. 하지만 자연이든 예술 작품이든 찬란함은 야생과 같은 존재이기에 그대로 두어야 한다. 찬란함은 사용과 소유의 법칙에서 완전히 벗어나기 때문에 마음대로 이용할 수도 없지만, 길들이기는 더욱 힘들다.

찬란함은 클릭이나 기술로 나타나게 할 수 없다. 찬란함은 나를 위해 특별히 기획된 공연이 아니다. 찬란함의 의미를 다시 생각해보자. 그림은 만지는 것이 아니고, 표범은 줄에 묶어 기를 수 없다. 그런데도 우리는 야성적인 것을 가두려고 하는 좋지 않은 습관이 있다. "여기는 모나리자 그림, 저기는 표범이 있습니다. 여러분, 오직 여러분의 즐거움만을 위해서 준비했어요."

그러나 우리가 먼저 자유롭게 풀어주어야 할 것은 우리의 욕망과 생각이다. 그래야 우리의 욕망과 생각이 유행을 따르지 않고 좁은 틀에서 벗어나 개성을 추구할 수 있다. 우리는 인간의 몸이 야생성과 야성적인 자유를 지니고 있다고 믿고 있지만, 실은 그렇지 않다. 우리의 정신과 생각을 야생 상태로 만들어야 한다. 우리의 정신과 생각은 온전히 우리의 것이어야 한다. 여기에는 어떠한 타협과 순응도 없다.

우리를 우리답게 만드는 것은 독립이다. 그 덕분에 우리는 모방, 반복, 획일화를 계속 거부하고 피할 수 있다. 남들이 다 가는 여정에서 벗어나 여행할 수 있는 용기가 있을 때 진정한 자유인이 된다. 일상에서도 마찬가지다.

몇 년 전, 고래를 관찰하려고 퀘벡의 타두삭으로 떠난 적이 있다. 당시에는 매티슨의 책은 아직 읽어보지 않았을 때였다. 고래를 볼 수 있다는 생각에 나는 어린아이처럼 기뻐서 어쩔 줄 몰랐다. 손뼉을 치며 신나는 기분을 표현하고 싶을 정도였다. 그런데 고래를 전혀 보지 못했다. 고래는 한 마리도 없었다. 나는 화도 나고 슬프기도 했다. 동방박사들처럼 살아 있는 신에게 인사라도 할까 해서 길을 떠났지만 물만 보고 왔다.

해변에 서서 눈물을 흘렸다. 춥고 실망스러워서 너무 괴로웠다. 배신을 당한 기분이었다. 그렇다고 달리 내가 할 수 있는 일은 없었다. 조용한 주변으로부터 위로를 받으며 마음을 달랬다. 익숙하지 않은 방식으로 평화를 얻은 것이었다. 그렇게 나는 어쨌든 사랑했던 퀘벡의 땅뿐 아니라 온 세상과 화해했다. 주었다가 빼앗는 세상, 주었다가 다시 가져가는 세상과 화해했다.

고래들은 나에게 괴로움과 기쁨을 동시에 안겨주었다. 보고 싶었던 고래들이 바다에 없어서 나는 괴로웠다. 그러나 달리 생각하면 고래들이 그만큼 자유롭다는 뜻이어서 기뻤다. 세상은 내 마음대로 되지 않는다. 받아들이기 힘든 교훈이지만, 그래도 이러한 교훈이 우리의 여행을 이끌어주는 나침반이 되어야 한다. 그리고 살아 있는 모든 것에 대해 우리가 존경심을 가질 수 있도록 움직이는 자극이 되어야 한다.

나는 마지막으로 고래들을 한 번 더 불렀지만, 고래들은 끝까지 모습을 드러내지 않았다. 그길로 몬트리올로 돌아왔다. 어쩌면 내가 떠나고 얼마 지나지 않아 고래 한 마리가 물속에서 뛰어올랐는지도 모른다. 정확히 내가 있던 곳에서 보이는 바다에서, 길들일 수 없고 무심하며 찬란한 고래 한 마리가.

우리를 우리답게 만드는 것은 독립이다.
그 덕분에 우리는 모방, 반복, 획일화를 계속 거부하고 피할 수 있다.
남들이 다 가는 여정에서 벗어나
여행할 수 있는 용기가 있을 때 진정한 자유인이 된다.
일상에서도 마찬가지다.

⑮ 찰나의 포착

세상의 숨겨진 얼굴

photo

코르시카의 좁은 길에 서 있다. 왼쪽에는 바다가 있다. 바다는 마치 맹수 같다. 오른쪽에는 작은 숲이 있다. 소금이 타는 냄새가 난다. 갑자기 길가에서 염소 한 마리가 뛰어든다. 길 한가운데 우뚝 선 다갈색 털의 마른 염소가 내 쪽으로 고개를 돌린다. 갑자기 많은 것을 느낀다. 나는 이 세상의 침입자다. 염소의 세상에 뛰어든 침입자.

바로 이 순간, 사진을 찍고 싶다. 염소의 아름다움을 그대로 포착하고 싶다. 내가 이 자리에 없다면 염소가 보여주었을 아름다움을 그대로 보고 싶어서다.

염소의 모습을 표본처럼 박제하기 위해 사진을 찍는 것이 아니다. 세상과 좀 더 가까워지기 위해, 세상이 지닌 신비로움을 조금이나마 포착하기 위해 사진을 찍는다. 이 찬란함을 어떻게 포착해 사진에 담아둘 수 있을까? 그동안 찍은 사진 앨범을 넘기며 오랜 시간을 보낸다. 세상의 숨겨진 얼굴을 흘끗 본 후에 처음으로 느낀 감동을 되찾기 위해서다.

셔터는 세상의 다른 얼굴을 보여주는 열쇠 구멍과 같다. 염소의 수수께끼 같은 삶, 땅의 숨결, 바다의 반짝임…. 이런 것들이 사진에 찍히지 않았을 때 어떤 모습인지 보고 싶다. 사진으로 세상의 비밀을 알아내겠다는 미친 내기를 한다. 세상은 나를 위해 만들어지지 않았다. 나의 등장은 세상에 폐를 끼치고 있다. 내가 존재하지 않을 때 세상이 보여줄 찬란함을 원한다. 아무것도 더하지 않은 세상의 찬란함을 마음껏 원한다. 나의 방식으로 세상의 찬란함을 보고 사진으로 박제하고 싶지는 않다.

내가 즐기는 것은 자연의 아름다움에 깃든 무심함이다. 자연의 아름다움은 절대로 사람의 의도대로 만들어지지 않는다. 마찬가지로 예술 작품도 장엄한 고고함을 보여주는 것 같다. 이런 면에서 예술은 자연을 모방하는 것인지도 모른다. 예술가는 붓으로 구도, 소리, 색깔을 조절해 자연이 아무 의도 없이 만들어내는 것을 재현한다. 그게 아니라면, 자연을 예술 작품처럼 감상할 필요가 있겠는가. 우리가 보고 싶은 대로가 아니라 있는 그대로의 아름다움으로 진동하는 자연은 예술 작품 같다. 사람이 살지 않는 세상, 어떤 면에서 '볼 것이 없는' 세상, 특히 내가 없는 세상이 좋다.

세상에 있는 자신을 항상 기억하게 하려는 '셀카' 열풍에 역행하는 발상이다. 셀카에는 보는 것보다는 보이는 대상이 되고 싶은 욕망이 반영된다. 나 자신이 시선의 중심이 되는 것이다. 셀카를 '자기과시'라고 한다면 잘못된 생각일지도 모르겠다. 셀카는 다른 사람들을 위한 것이 아니다. 셀카는 거울처럼 자신을 바라보는 방식이다. 주변 장식을 예쁘게 꾸미고 자기 자신을 중심에 두고 싶은 마음이다.

자아도취? 아니, 그보다는 존재하지 않을까 봐 두려워하는 마음이다. 자신의 존재를 계속 확실하게 유지하기 위한 방법인 것이다. 반대로 자화상은 다른 사람들에게 자신을 보여주기 위한 것이다. 비유하자면 뒤집은 장갑처럼 자신을 보여주려는 마음이라고 할까? 자신이 가 닿고 싶은 사람들에게 다가가는 방법이다. 셀카는 이와는 다르다. 셀카는 풍경을 집으로, 자연을 포스터로 변화시킨다. '나'를 볼거리로 만드는 방법이다.

이럴 정도로 현대인들은 존재하는 모든 것과의 연결고리를 잃어버린 것일까? 코르시카섬에서 본 염소는 자신이 작은 숲에 속했다는 사실을 의심하지 않는다. 이 깨달음의 순간은 특권이니 잡아야 한다. 세상에 속한 나의 존재를 되찾아야 한다. 그 방법을 가르쳐주는 스승은 동물들이다. 자연에 몰입하는 화려한 방법을 아는 동물들은 우리 인간에게는 없는 예술을 많이 갖고 있다. 이 바람, 이 냄새, 이 흔적과 같은, 여기저기에서 보내는 신호들을 읽어내는 예술이다. 그리고 길을 내고 소통하는 예술이다.

인간이 아름다움과 맺는 관계도 동물들처럼 자발적이고 자연스러워야 한다. "인간이 호랑이처럼 10초간 온전히 몰입할 수 있을까?" 시인 앙리 미쇼가 묻는다. 호랑이는 대단한 고양잇과 동물답게 자신이 하는 일에 온전히 몰입한다. 자신이 이루는 것에 매우 강한 소속감을 느낀다. 호랑이는 마치 "모험, 해방, 불, 빛"[22]과 같다.

10초라는 시간에는 우리, 세상, 그리고 아름다움 사이에 그 어떤 마케팅이나 합의도 이루어지지 않을 것이다. 세상은 우리의 시선과 우리의 존재를 더해야만 가치가 있을까? "우리가 멈출 수 있을까? 이 호랑이와 함께 셀카를 찍고 싶다." 어쩌면 우리는 아름다운 움직임보다는 프레임에 갇힌 꾸며진 이미지를 좋아하는지도 모르겠다. 서둘러 사진을 찍으라는 무언의 독촉은 세상을 길들이려는 음모이자 시도다.

앞으로 대세가 될 몰입형 기술 트렌드로 아름다움이 안겨줄 변화를 더 쉽게 받아들일 수 있을까? 잘 모르겠다. 어쨌든 이런 취지는 좋아 보인다. 아름다움이 우리 앞에만 있는 것이 아니라 주변에 있음을 깨닫게 해주니 말이다. 그런데 몰입형 기술 트렌드 같은 연출은 실제 만남과는 다르다. 소프트웨어가 장착된 헬멧을 통해 증강현실 속에서 만나는 베네치아가 어떻게 진짜 베네치아일 수 있겠는가.

기술이 줄 수 없는 것이 있다. 예상하지 못한 충격이다. 아무리 정교한 증강현실 기술이라고 해도 베네치아를 실제로 보고 '대단한데!'라고 생각하는 경험보다는 못하다. 바다가 돌로 변한 것인지, 돌이 바다로 변한 것인지 알 수 없는 도시 베네치아, 대리석보다 더 향기로

호랑이처럼 10초간 몰입해보자.
자발적인 감정, 반응, 열정을 위한 훈련이다.
자기 자신과 아름다움 사이에
가이드나 모니터 등이 끼어들지 못하게 하자.
자기 자신을 믿고,
눈앞에 보이는 것을 온전히 눈에 담아보는 것이다.

운 두칼레 궁전의 향기, 후광처럼 피아제타(작은 광장)를 감싼 우윳빛 안개는 직접 보고 감탄해야 진가를 알 수 있다. 필터와 글루타민산염을 활용하는 증강현실 속 아름다움은 그야말로 공연 같다. 보고 깜짝 놀라기는 해도 정신이 혼미하지는 않다. 증강현실에서의 만남은 너무 인위적이고 계획적이다. 시각을 너무 자극하면 오히려 제대로 볼 수 없다.

반대로 예술 사진은 우리가 쉽게 보지 못하는 세상의 숨겨진 얼굴이다. 예술 사진은 의도치 않게 아름다움을 포착한다. 갑자기 나타난 찬란함을 포착하는 것이다. 예를 들어, 〈시청 앞에서의 키스〉로 유명한 로베르 두아노의 사진, 단편영화 감독이자 사진작가인 크리스토프 자크로 감독의 영화에 나오는 눈 속의 양떼, 암소떼, 말떼, 사울 레이터의 사진 속에서 갑자기 연극 속 한 장면처럼 변하는 거리…. 예술가의 작품, 구성과 설정에 대한 예술가의 감각은 우리를 둘러싼 이면을 보여주는 것을 목적으로 한다. 증강은 이를 인식하는 방식이다.

우리가 여행을 할 때 '10초 동안 온전히 몰입하는 호랑이'의 방식을 선호하든 선호하지 않든 그것은 별로 중요하지 않다. 다만, 아름다움은 특정 장소에 있는 것이 아니라 다른 곳에 있다는 사실은 기억했으면 한다. 아름다움은 시각적으로 우리의 기대를 충족시켜주지 않는다. 어떠한 경우에도 아름다움은 신비를 간직한다. 우리의 눈과 모니터가 수집하는 비밀스러운 삶의 흔적이 된다. 세상은 우리가 없어도 존재하는 것 같다.

16 바캉스와 로그아웃

본래의 나로 지내는 시간

vacance

1914년 2월, 조지프 러디어드 키플링은 런던의 켄싱턴 공원을 걷고 있었다. 《정글북》의 작가 키플링은 권위 있는 왕립지리학회에서 연설을 해달라는 요청을 받았다. 1830년 빅토리아 여왕의 후원을 받아 설립된 왕립지리학회는 가장 대담한 탐험가들을 후원했다. 위대한 탐험가들이 이름을 빛낸 것은 이 학회 덕분이었다. 젊은 다윈은 HMS 비글호를 타고 세계일주를 했다. 함께 배를 탄 사람들은 남극의 빙하에서 승무원들과 살아남게 되는 영국의 탐험가 어니스트 섀클턴, 아마존 숲 안에 있는 'Z'라는 잃어버린 도시를 찾아 탐험에 나섰으나 영원히 실종되는 퍼시 포셋이다.

이날 키플링은 새로운 시대를 예고한다. "때가 다가옵니다. 그때는 '접근 불가능한'이라는 형용사가 높은 곳이나 특정한 곳을 가리킬 때 사용되는 지금과 달리 더 이상 아무런 의미도 없을 것입니다."[23] 키플링의 예고는 관광의 대중화를 알리는 시작에 불과하다. 하지만 항공학의 발달과 속도 경쟁의 결과로 우리가 잃은 것이 있다. 오랜 시간 여행을 즐기며 공상을 키워가는 낭만이다.

이제 우리는 목표지향적이 되어 육지와 바다를 여행하면서 느끼는 향기를 모두 무시하게 되었다. "세계를 이동하는 데 소요되는 시간이 매달 줄어듭니다. 하지만 이보다 더 중요한 사실이 있습니다. 상상력의 영역이 줄어든다는 것입니다."[21] 키플링이 내린 결론이다. 관광은 처음부터 비판의 대상이었다. 관광을 발명한 서양에서 정작 관광을 계속 비판했다.

관광은 발견의 기회를 앗아가는 독이며, 이국적인 감정을 인위적으로 만들어낸다. 또한 관광은 아름다움을 해친다. 관광지가 되면 의미 있는 장소들이 사라지고, 관광지가 되어버린 곳은 원래의 삶과 개성을 잃어버린다. 이탈리아인들이 살고 먹고 웃고 울고 잠자는 로마와 이탈리아는 더 이상 없다. 관광지가 된 곳은 삶이 있는 공간이 아니라 그냥 산책 공간이다. 특유의 분위기는 사라지고 장식으로 전락한다.

이 같은 현상을 가리켜 '오버투어리즘'이라고 한다. 그러나 이 문제를 오래전에 분명히 지적한 것은 키플링이다. 키플링은 "상상력의 실종, 느림과 방랑의 거부"라는 표현을 썼다. 로마는 꼭 봐야 할 관광 명소가 있는 유명 관광 코스 중 하나가 되었다. 트레비 분수, 콜로세움, 트라토리아(이탈리아 식당 종류 중 하나), 아이스크림 등은 사람들이 꼭 찾는 코스다. 도시의 이곳저곳이 연결되지 않고, 도시가 간직한 일관성과 스토리가 사라진다. 우리가 보는 것은 더 이상 도시가 아니다. 우리가 만든 퍼즐에 불과하다.

민주주의 시대의 아름다움도 마찬가지다. 민주주의 시대에는 사람들이 아름다움에 쉽게 접근할 수 있다. 좋게 본다면 그렇다. 이전 시대에 관광은 엘리트층의 전유물이었다. 보통 사람들은 관광을 하며 고급 문화와 자연의 경이로움을 즐길 수 없었다. 이렇게 볼 때 바람직한 변화라고 할 수 있는 관광이 어쩌다가 환경을 해치고 우스꽝스러워 보이는 산업이 되었을까?

하지만 이구동성으로 오버투어리즘을 비판하는 분위기는 의아하다. 관광객을 이질적인 존재로 손쉽게 비난할 수 있기 때문이다. 특별한 여행을 하지 않는 사람, 남들이 가는 루트를 벗어나지 않는 사람은 우습고, 남극 여행 정도는 해야 세련된 여행가라는 생각은 편견이다. 사회적 신분과 관계없이 진정한 여행가는 드물다. 물론 우리가 영혼 없는 사진을 몇 장 건지기 위해 소중한 돈과 시간을 휴가에 쓰고 있는 건 사실이다. 여행과 휴가, 새로운 환경 속으로 가고 싶은 욕망과 하루하루를 아름답게 만들고 싶은 욕망이 결합된 것이 관광이기 때문이다.

우리의 욕망을 진지하게 바라보자. '바캉스vacance'는 '비어 있음'을 뜻한다. 누군가를 위해 존재하지 않고 본래의 나로 지낸다는 뜻이다. 평소에는 자기 자신은 물론이고 친구, 동료, 가족 등을 위해서도 시간을 보내기 때문이다. 바캉스를 보낸다는 것은 일상생활, 일상생활 속의 나, 그리고 집에서 잠시 벗어나는 행위다. 과연 우리가 할 수 있을까?

'비우는 행위와 떠나는 행위'가 결합해 탄생한 것이 관광이라면, 지금의 관광은 원래의 의미가 변질되었다고 할 수 있다. 지금의 관광은 특별한 열망을 채우는 것이 아니라 개성 없이 모방하는 것이 되었기 때문이다.

자신의 욕망을 따른다고 생각했는데, 정작 다른 사람들의 욕망을 좇고 있다. 타인의 욕망을 좇는 현상에서 나온 것이 유행, 인기, 긴 줄이다. 루브르, 베네치아, 에베레스트산에 이르기까지 긴 줄이 늘어서 있다.

우리는 정해진 코스를 벗어나고 싶어 하지 않는다. 진정한 탈출을 원하지 않는 것이다. 남들이 이미 가본 실크로드, 로마, 안나푸르나 같은 인기 관광지에 가고 싶어 한다. 이것은 마치 많은 사람이 가입되어 있는 인기 클럽에 들어가고 싶은 욕망과 비슷하다. 허영에 들떴다기보다는 남들이 다 보는 것을 보지 않으면 뒤처질지도 모른다는 두려움 때문이다.

오늘날 관광은 낯선 곳으로의 탈출이라기보다는 경험을 제공하며, 바캉스를 '연결에서 벗어난' 기간으로 만들어준다. 그렇지만 인터넷에 연결하고 연결하지 않는 것을 정하는 주체는 인터넷 서비스 제공업체다. 우리가 인터넷 서비스를 제공하는 업체인가?

인공지능의 시대일수록 인간의 고유성에 주목하고, 우리를 기계 취급하는 용어는 거부해야 하는 것이 아닐까? 우리가 이런 용어에 동의하는 순간, 두뇌와 기계와

다른 누군가를 위한 휴가가 아닌
오직 나만의 휴가를 떠난다.
'로그인'이나 '로그아웃'이라는 용어는 사용하지 않는다.
우리는 인터넷 서비스 제공업체가 아니니까.

의 싸움에서 질 수밖에 없다. 소프트웨어에 의존해 생각을 정하려는 습관도 경계해야 한다.

'로그아웃'은 연결의 시대에서 완전히 벗어나는 것이 아니라 그저 '일시 정지'를 뜻한다. 속도를 늦추고 전화와 이메일 확인을 줄인다고 해서 활동에서 완전히 손을 떼는 것은 아니다. 우리는 늘 바쁘고 '연결'되어 있다.

속도를 늦추는 것이 변화는 아니다. '느리게 살라'는 슬로건은 올바른 방향으로 가겠지만, 단순히 속도의 문제라고 착각하게 한다. 5~6학년으로 올라가지 않고 2학년으로 내려간다고 해서 일상이 달라지지는 않는다. 톨게이트가 있는 고속도로를 완전히 피해 갈 수 없는 것처럼 말이다.

내가 원하는 것은 완전한 변화다. 기꺼이 비효율적이 되는 것, '발전'하고 '반등'하지 않는 것, 의미 없는 시간을 보내는 것, 고래나 표범 같은 것을 일부러 보려고 하지 않는 것, 나 자신을 잊는 것, 이런 새로운 변화를 원한다. 멀리 떠나려고만 하지 말고 우리가 누구인지 내면의 여행을 해야 한다. '이런 사람이 되어야지' 하는 강박에서 벗어나고, 누구처럼 되어야 한다는 초조함에서 해방되어야 한다. 자아를 내려놓는 것, 에고, 야심과 근심에서 벗어나는 것이 필요하다. 지금의 흐름에서 완전히 벗어나는 것이 중요하지 단순히 여행의 개념을 바꾸는 데 그쳐서는 안 된다.

흔히 관광을 묘사할 때 '경험'이라는 표현이 남용되고 있다. 그만큼 모니터와 소프트웨어에 물들었다는 뜻이다. 우리는 단순히 어디에 가는 것으로는 만족하지 못하고, 영화의 주인공처럼 되고 싶고 전율을 느끼고 싶어 한다. 세상이 마치 놀이기구가 된 것 같다. 예전의 관광에서는 이렇게 자극만 추구하지는 않았는데, 오늘날 베네치아와 로마는 대관람차 놀이기구와 같은 의미가 되었다.

이 과정에서 우리의 감정은 자극에 취약해지고, 우리의 상상력은 왜곡된다. 짧은 시간 동안 선물처럼 예쁘게 꾸미고 TV 드라마처럼 드라마틱하게 변하는 관광이라니 얼마나 환상적인가. 하지만 우리가 꿈꾸었던 것은 무엇인가? 우리가 예상한 것은 무엇인가? 우리가 품은 환상은 무엇인가? 정작 현실에서 우리는 정해진 프로그램대로 관광을 할 뿐이다.

　나는 쇼가 아니라 자연스러운 것을 원한다. 세상이 나를 기쁘게 하려고 마케팅을 할 필요는 없다. 인위적인 아름다움이 아니라 자유로운 찬란함을 원한다. 사람들이 정작 자유와 대담함을 좋아하지 않는다는 생각이 든다. 스스로 판단하고 평가하기를 원하지 않는 것 같다. 남들이 다 보니 꼭 봐야 하는 관광이 아니라 자연스럽게 보게 되는 관광을 키워야 한다. 우리는 '오버투어리즘'이라는 표현을 아무렇지도 않게 사용하고, 다른 사람들도 다 하는 것이라는 이유로 특별히 죄책감을 느끼지도 않는다. '지나치게 아름답고 대단한 것'을 찾아 너도나도 인기 관광지에 몰리다 보니 관광철만 되면 숙박 요금이 천정부지로 치솟는다. 3일 만에 모든 것을 해보는 여행 코스가 인기다.

　쿼터제, 관광객 수 제한, 방문 예약이 필요할지도 모르겠다. 그와 동시에 포스트투어리즘 시대도 미리 생각해야 한다. 이 시대가 오면 아름다움은 더 이상 매혹적인 대상이 되지 않을 것이다. 그 대신 여유로움이 주목받을 것이다. 여유로움이 중시되면 바쁘게 움직이기보다는 몰입을 선호할 것이며, '반드시 해야 한다'는 강박관념 대신 차분하게 집중하며 보는 태도가 자리 잡을 것이다.

우리가 '경험'에 집착해 점점 더 많은 돈을 쓰는 동안 세상은 신비로움을 잃었다. 그러나 아이러니하게도 우리가 여행을 통해 얻고자 하는 것이 세상이 지닌 신비로움이다. 비밀처럼 해독이 필요한 메시지가 있다. "무언가 숨겨져 있다. 가서 찾자! 가면 미처 보지 못한 것과 마주할 것이다. 어서 떠나라!"[25] 키플링도 이것이 여행의 본질이라고 말했다. 여행의 본질은 '사랑'에 있다. 따라서 여행은 소비하는 행위가 아니라 간절히 바라는 마음이다.

17
관광객 도보 금지

아무것도 안 할 자유

Portofino

작은 탑처럼 주변을 둘러싼 높은 집들의 외벽이 황적색, 분홍색, 오렌지색, 노란색 등 따뜻한 원색으로 칠해져 있다. 집들은 마치 바다 위에 떠 있는 전망대처럼 보인다. 이곳은 이탈리아 리구리아주에 위치한 작은 항구 마을 포르토피노다. 이곳에는 제트기를 소유한 부자들과 평범한 수천 명의 관광객이 공존한다.

2023년 4월, 포르토피노 시장은 중대한 결정을 내렸다. 관광객들에게 가장 붐비는 지역에서 걸어 다니는 것을 금지하고, 이를 어기면 최대 275유로(한화 약 43만 원)의 벌금을 내게 한 것이다. 이 정책의 목표는 관광을 통제하려는 것이 아니라 새로운 관광 문화를 만들기 위한 것이었다. 이 작은 마을은 매년 60만 명이 방문하는 인기 관광지다.

    하지만 관광객은 서둘러 지나가는 것이 흔한 일 아닌가? 이런 관광객은 마치 수업에는 들어오는데 아무런 열정과 호기심이 없는 학생과 같다. 아무런 감동도

받지 않고 아무런 변화도 없다는 점에서 똑같다. 무심함이 공통 키워드다. 무심함은 관심이 부족하다는 뜻이 아니다. 아무것도 주고받지 않는 구두쇠 같은 모습이라는 뜻이다.

우리는 여행할 때 단순히 관광객이 아니다. 우리의 생각과 말도 우리 자신이다. 그런데 우리는 '회복력', '온정', '공유'라는 말을 사용하면서 정작 그 의미는 궁금해하지 않는다. 그러면 말의 품격이 떨어진다. 영혼 없이 그저 반복해서 내뱉는 말이 있다. '시간이 약이다', '하나를 잃으면 열을 얻는다', '누구나 고유한 존재다'가 대표적이다. 우리는 깊이 생각하지 않고, 진지하게 고민하지 않고 너무나 쉽게 언어를 사용하고 생각을 이야기한다. 그러면 말과 생각은 그저 지나가는 존재가 된다. 그 순간, 우리는 모두 그저 그런 관광객이 된다.

마찬가지로 우리는 세상을 걸어 다니기만 할 뿐 참여하지는 않는다. 우리의 최대 단점은 인색함이다. 돈을 내고 소비는 하지만 어디까지나 관광객 입장이다. 협력자 입장에서 지불은 하지 않는다. 비유하자면 우주를 여행할 때 깊이 들여다보기보다는 일체의 접촉을 피하며 관찰하지 않는 것과 같다. 여행을 할 때는 무엇을 얻어야 하고 무엇을 꼭 해야 한다는 강박관념을 가져서는 안 된다. 우리는 부산스럽게 움직이는 것처럼 보일 뿐 우리 자신을 잃어간다. 실제로 우리는 존재하는 것과 바쁜 것을 혼동한다.

우리는 일을 멈추지 않는다. 여행과 일을 연결하는 말의 어원에 관해서는 논쟁의 여지가 있긴 하지만, 한번 짚고 넘어가는 것도 의미가 있을 듯싶다. 프랑스어 '일travail'과 영어 '여행travel'은 라틴어 'tripalium'('tri'는 '3', 'palis'는 '말뚝'을 뜻함)에서 유래했다고 한다. 처음에는 말굽 장인이 고집 피우는 동물을 묶어두기 위해 사용한 일종의 '삼각대'를 가리켰는데, 나중에 이 단어는 고문 도구를 의미하게 되었다. 결국 이것은 '일'이라는 단어의 어원이 되었고, 이는 고통과 복종의 의미가 뒤섞여 있다. 신빙성은 조금 떨어져도 현실을 그대로 반영해서 그런지 꽤 와닿는다.

실제로 살면서 일과 멀어지려고 할수록 일상이 일에 잠식되는 경우가 많다. 우리의 존재가 생산적이어야 하고 열정적인 활동으로 증명되어야 한다는 강박관념이 있는 것 같다. '나는 무언가를 하기에 존재한다'는 시대, 바야흐로 활동하는 것이 의무인 시대다. 이런 시대에 보는 것, 상상하는 것, 꿈꾸는 것은 시간 낭비로 보이기 십상이다. 우리는 무언가를 하며 바쁠 때만 사람 취급을 받는다.

어느새 우리는 삶을 사는 것과 무언가를 하는 것을 혼동하게 되었다. 이러한 혼동 때문에 우리는 관광객이 되었다. "장 클로드와 함께 우리는 하이킹, 바스크 해안, 베네치아와 피렌체, 루브르-파리-랭스-아부다비를 경험했다." 우리는 자신만의 여행을 기획하는 주인이다. 마찬가지로 우리는 자신만의 행복을 만들어가는 주인이다. 그러나 현실에서 사람들은 일에서 실수를 하거나 일자리를 찾지 못했을 때 불행하다고 느낀다.

흔히 우리는 존재와 소유를 반대의 개념으로 생각한다. 그러나 실제로 구분해야 하는 것은 존재와 활동이다. 늘 부산하게 움직이면 문제가 되는 것은 속도가 아니라 본질을 잃는 것이다. 이렇게 되면 물리적으로 존재하기만 할 뿐, 존재에 깊이가 없다. 실제로 우리가 빨리 갈수록 하는 일은 늘어나도 진정한 삶은 살 수 없다. 뭔가에 늘 매여 있고, 참여는 하지 않는다. 관리는 하는데 참여는 하지 않는다. 뭔가를 하는 것과 정신없이 움직이는 것은 다르다. 바쁘게만 움직이면 우리의 존재는 메마르고 사라진다. 그 결과, 우리의 존재가 낭비된다. 진정한 행동은 오히려 집중과 자기 존중을 요구한다. 자기 자신과 자신의 결정을 존중하고 행동해야 한다. 진정으로 행동한다는 느낌이 들려면 바쁘게만 움직이지 말고 주체적으로 계속 해나가야 한다.

우리가 세상, 생명체, 사물들에게 감동을 줄 기회를 주지 않을 때, 우리는 그저 관광객처럼 행동하게 된다. 관광지에 도착한 지 얼마 지나지 않아 다른 관광지로 떠난다. 경험에 몰입하지 않고 그저 관광지를 지나쳐 가는 사람이 된다. 세 바퀴쯤 둘러보고 그냥 가버린다. '투어리즘tourism'이라는 영어 표현이 처음 등장한 것은 1811년이다. '투어리즘'의 어원은 프랑스어 'tour(한 바퀴)', 'faire un tour(한 바퀴 돌다)'에서 왔다. 지금의 관광은 나를 잠시 잊는 것이 아니라 평소의 루틴으로 돌아오는 것이 되었다. 마치 끝없이 바빠야 우리가 존재한다는 것을 증명하는 것 같다.

행복은 만들어진다고 믿기 때문일까? 행복도 이마에 땀을 흘리고 혼자 힘으로 해나가야 하는 일과 같다고 생각하기 때문일까? 즐거움과 기쁨도 은총과 마찬가지로 노력을 통해서가 아니라 저절로 올 것이라는 말을 더는 믿지 않아서일까? 우리는 더 이상 희망을 가질 여유가 없다. 그래서 행복과 아름다움도 월급처럼 계획대로 얻어야 한다고 생각한다.

그런데 찬란함은 열심히 노력한다고 얻을 수 있는 것이 아니다. 찬란함은 성과물이 아니라 기회다. 찬란함을 만나고 싶다면 계산적이고 편협한 생각을 버려야 한다. 그리고 행복을 바쁜 스케줄이 아니라 여유의 개념으로 바라봐야 한다. 아름다움이 요구하는 것은 우리가 세심한 관심을 가지고 참여하는 것이지 무조건 바쁘게만 움직이는 것이 아니다.

그런데 이러한 흐름에 저항하며 포스트투어리즘 시대의 미래를 그리는 사람들이 있다. 앞으로 사람들은 관광지만 훑어보는 여행을 하지 않고 특별히 아무것도 하지 않는 여행을 할 것이라는 주장이다. 이처럼 관찰과 침묵의 편에 선 여행자들을 본 적이 있다. 이들은 외진 곳을 일부러 찾아다니며 극한의 트래킹을 하기도 하고, SNS를 일체 보지 않으며 세상과의 연결을 거부하기도 한다. 이들은 바다 앞에 서 있다. 수영도 하지 않는다. 그렇다면 무엇을 하고 있는 것일까?

궁금한 마음에 다가가서 물어보았다. 칼비와 루스 섬 사이에 있는 코르시카섬에서였다. "물에 안 들어가세요? 물이 맑은데!" 대답이 없다. 나는 계속 질문했다. 마침내 정말로 궁금했던 질문이 입에서 나온다. "지금 뭐 하시는 거예요?" 그러자 한 사람이 대답했다. "아무것도 안 합니다. 우리는 바다를 보고 있어요." 여기에는 더 이상 볼 것이 없으니 이동해야 한다는 것은 세뇌가 아닐까? 관광객은 돌아다니면서 아름다움을 발견해야 한다는 것 역시 강요 아닐까?

아무것도 걸치지 않은 자신과 겸손하고 한가한 자기 자신을 받아들일 때 진정으로 세상에 존재할 수 있다. 세상으로부터 감동을 받을 자세가 되어 있기 때문

굳이 특별한 것을 하기 위해, 특정한 곳을 방문하기 위해
여행을 하지 않는다. 현재 머무는 곳에 집중하고,
주변의 삶에 적극 관심을 가지고 참여한다.
하루를 무심히 흘려보내지 않고, 정성을 다해 살아간다.

이다. 세상과 내가 서로 주고, 서로 바라본다. 시선을 고정하고, 신중하고 정확하게 행동한다. 진정한 행동을 하려면 바쁘게 움직일 필요가 없다. 그저 자유로우면, 그리고 원하는 것을 잘 해나가면 된다. 진정한 행동은 그 자체로 아름답다. 진정한 행동을 할 때, 우리는 그림과 같은 몸짓을 하고 음악과 같은 의지를 지닐 수 있다.

우리는 몽생미셸, 베네치아, 오르세미술관, 포르토피노에 우르르 몰려간다. 우리가 경의를 표하는 것은 세상의 찬란함이다. 우리의 삶이 필요로 하는 것이 세상의 찬란함이라는 것을 알고 있다. 우리는 세상의 찬란함이 있는 장소가 독특한 곳이라는 사실을 알고 있다. 수도원에 세워진 천사상은 마치 한 손으로 하늘을 움켜잡으려고 하는 모습처럼 보인다. 천사상이 이 땅에 존재하고 있고 가치가 있다는 것을 신에게 알려주는 것 같다. 떠 있는 것처럼 보이는 두칼레 궁전, 세잔 그림의 푸른색, 리구리아의 항구 마을을 꾸며주는 황갈색과 노란색…. 우리는 세상이 건네주는 색채를 받는다. 축복을 받은 기분이다. 이것이 진정한 여행의 목적이다.

이제 여행은 단순한 이동이 아니다. 여행은 다양한

소리, 냄새, 모양, 움직임, 말하는 법, 걷는 법, 무한하게 상상하는 법을 선물로 받을 수 있는 기회다. 여행은 우리가 음미하는 분위기이지 무심코 지나쳐 가는 배경이 장식이 아니다.

진정으로 보려면 어딘가를 방문하지 않는 것부터 시작해야 한다. 그보다는 카페 테라스에 앉아 조용히 주변에 녹아들며 자아를 내려놓는 연습을 해보자. 그러면 현재 있는 곳에서 주위를 흐르는 삶에 주민으로 참여할 수 있다. 공간을 그냥 지나치지 않고 가득 채우면 희한하게도 그 어느 때보다 우리가 존재하는 것 같은 기분이 든다. 우리는 더 이상 제자리걸음을 하지 않는다. 여기저기를 오르락내리락하고, 그 과정에서 우리는 성장한다.

저녁이 되면 공기는 신선해지고 소리는 점점 작아진다. 포근하지만 살짝 쓸쓸한 기운이 항구를 반쯤 에워싼다. 포르토피노는 잠이 든다. 나는 살아간다.

아일랜드의 나무 한 그루

고통과 상처로부터의 찬란함

arbre

아일랜드 서쪽에 있는 애런제도는 '불가능의 세계'다. 거의 아무것도 없는 섬이기 때문이다. 뭐라도 하려면 수입해야 한다. 땅바닥에 길게 화강암이 늘어서 있는데, 그 모양이 마치 깊은 상처 같다. 높이 솟은 바위더미는 광야 위에 서 있는 가시나무 같다. 좁은 경작지는 연약한 돌벽 덕분에 침식에서 살아남았다.

그래도 나무들은 무척 찬란하다. 특히 기억에 남는 나무 한 그루가 있다. 슬픔이 느껴질 정도로 메마르고 검은 땅에 심어진 나무다. 바람에 시달려 비틀어지고 구부러진 나무지만 그 자리에 꿋꿋이 서 있다. 나무는 빛처럼 반짝인다. 나무는 마치 무언가에 경의를 표하기 위해 세운 동상처럼 보인다.

상처를 입고도 살아남은 생명을 기념하는 동상이라고 할까? 가지는 금방이라도 부러질 것처럼 가늘다. 그래도 어쨌든 나뭇가지들은 살아남았다. 슬픔이 밀려올 때마다 이니스 모르를 떠올린다. 애런제도에서 가장 큰

섬이다. 이곳에서 본 그 멋진 나무가 나에게 속삭이며 들려준 교훈을 다시 떠올리면 위로가 된다.

고통에는 특별한 아름다움이 있다. 아일랜드의 풍경이나 사랑의 노래에 있는 것 같은 특별한 아름다움 말이다. 아름다움이라고 해서 모두 광택지 위에 인쇄된 것처럼 매끈한 것은 아니다. 아름다움이 반드시 평화와 조화를 의미하지는 않는다. 아름다움이 우리를 감동시키는 이유는 우리의 연약함을 이야기하고 중요한 질문을 하도록 이끌기 때문이다. 연약함은 잃을 수도 있고, 되찾지 못할 수도 있다. 이때 필요한 중요한 질문은 '어떻게?'와 '왜?'가 아니다.

"마음이 편하기만 한 것도 좋은 것은 아냐. 때로는 진정한 고통도 필요해. 진정한 고통을 겪지 않은 지 얼마나 되었어? 중요한 것, 진정한 것을 고민했던 때가 언제야?"[26] 소설 《화씨 451》의 주인공 가이 몬태그가 소리 높여 했던 말이다. 바로 이 순간, 가이는 저항을 시작한다. 고통은 절망이 아니다. 오히려 반대로 계속 절망이 올 것이라고 믿는 걱정이다.

보고 느끼는 낭만적인 방법이 있다. 경이로움을 예찬하는 것이 아니라 그 무엇으로도 달래기 힘든 연약함에 깃든 찬란함에 주목하는 것이다. 낭만적으로 들리는가? 긴 설명은 필요 없다. 그보다는 연약함에 깃든 찬란함에 주목하자고 주장한 대표적인 예술가 중 한 사람인 들라크루아의 말을 들어보자. "이성적인 그림이 싫다. 검은색 배경만 있으면 된다는 논리가 고리타분하다. 무녀의 손에 뱀처럼 흔들리지 않았다면 몸이 추위로 떨렸을 것이다."[27] 우리가 추구하는 따뜻함은 위안이 아니라 열정이다.

낭만주의자들은 여행을 아름다움을 향한 열정, 심지어 숭고함을 향한 열정으로 높이는 사람들이다. 여행을 높은 산, 광활한 바다, 뇌우와 폭우, 빙하, 별이 빛나는 천장 같은 위압적일 정도로 장엄한 곳과 연결하는 것이다. 한없이 커지는 무한대의 미학이다. 우리를 압도하는 이 거대함의 미학에서 우리는 이 거대한 것과 함께 성장할 수 있다고 믿는 학생 입장이 된다.

'관광객tourist'이라는 영어 단어가 처음 등장한 것은 고통이 있었기에 기쁨이 있고, 슬픔을 겪었기에 행복이 있다.
진정한 아름다움은 생명체와도 같다.
캄캄한 밤과 같은 슬픔의 순간이 지나가면
행복한 순간이 낮처럼 밝게 빛난다.

1780년, 프랑스어로 처음 등장한 것은 1803년이다. 광활함을 자랑하는 경이로움을 감상하기 위해 관광객들이 여행을 떠난다. 관광객들은 '그랜드 투어grand tour'를 한다. 원래 '그랜드 투어'라는 말은 영국에서 18세기 말에 처음 사용되었다. 이 당시에 그랜드 투어는 주로 이탈리아, 프랑스, 그리스, 동방으로 가는 여행을 의미했다.

그랜드 투어를 시작한 사람들은 젊은 귀족들, 소수의 부르주아와 학자들, 여러 예술가와 작가들, 일부 영국 여성들이었다. 그랜드 투어를 떠난 유명한 영국 여성으로 메리 워틀리 몬터규Mary Wortley Montagu가 있었다. 몬터규는 궁전과 하렘(이슬람 사회에서 부인들이 거처하는 방)을 방문하기 위해 튀르키예를 최초로 여행한 영국 여성으로, 여성 해방을 위해 1739년에 《여성은 남성보다 열등하지 않다Woman not Inferior to Man》를 썼다. 이들 탐미주의 여행자들은 상업이나 과학 연구를 위해 여행을 한 것이 아니라 문화재와 아름다운 자연을 직접 보기 위해 여행했다. 이들은 이런 여행 목적을 '해부'라는 표현으로 불렀다.

이렇게 여행을 통해 세상과 맺는 관계를 잘 표현한

사람이 있다. 바로 귀스타브 플로베르다. 그는 쉽게 냉소와 환멸에 빠지는 사람이었는데, 이러한 냉소주의는 세상의 찬란함을 발견해야만 고칠 수 있다. 그만큼 우리 인간은 소소한 것과 예상할 수 있는 것에 큰 감흥을 느끼지 못하는 존재라는 뜻이다. "아! 여행, 여행, 절대 멈출 수 없다. 이 굉장한 왈츠 안에서 모든 것이 나타나고 지나가는 것을 볼 수 있다. 피부가 갈라지고 피가 솟구칠 때까지!"[28]

핵심 메시지는 이렇다. 아름다움을 포착하려면 열정이 필요하다. 아름다움은 마음에 동요를 일으키고 불을 붙이는 것이 특징이다. 아름다움은 흥분되고 쉽게 만족하지 않는 마음이 있어야 볼 수 있다. 밋밋하고 무난한 것에 연연할 필요가 없다. 이런 것은 기시감의 느낌으로 보면 된다.

아름다운 것과 예쁜 것의 차이는 혼란스러움을 대하는 자세에 있다. 아름다운 것은 혼란스러운 감정을 안겨준다. 그러나 예쁜 것은 혼란스러운 감정을 주지 않으려고 애쓴다. 예쁜 것은 부정적인 것, 고통스러운 것, 충격적인 것은 어떻게든 배제하려고 한다. 하지만 세상의 찬란함이 우리를 감동시키는 이유는 치명적일 정도로 빛나는 위엄을 드러내기 때문이다.

아름다움은 마냥 밝지만은 않다. 이런 속성을 가진 아름다움이 전하는 메시지는 고통은 몰아낼 수도 없고, 몰아내서도 안 된다는 것이다. 아름다움이 삶을 빛내주지만, 고통도 무조건 이겨낼 필요는 없다. 우리는 인내하는 고통 속에서 우리다움을 유지할 수 있으며, 해가 뜰 날을 맞이할 수 있다.

고통이 있었기에 기쁨이 있고, 슬픔을 겪었기에 행복이 있다. 진정한 아름다움은 생명체와도 같다. 캄캄한 밤과 같은 슬픔의 순간이 지나가면 행복한 순간이 낮처럼 밝게 빛난다. 애런제도의 나무에게서 얻은 교훈은 약해졌던 경험을 통해 꿋꿋함을 배우고 상처를 통해 강해질 수 있다는 것이다. 애런제도의 나무는 찬란함으로 나에게 정말로 큰 위안을 주었다. 그 나무를 보며 나는 내가 울고 있어도 혼자가 아니라는 것을 깨닫고 큰 위로를 받았다.

⑲ 잔디밭 출입 금지

아름다움에 닿지 않을 필요

pelouse

'잔디밭 출입 금지.' 어린 시절의 기억 중 가장 생생하게 남아 있는 것 하나가 이 표지판의 문구다. 다시 기억을 더듬어보니 놀이터 한가운데에 놓인 이 표지판의 문구는 권위적인 명령처럼 들렸다. 소리 지르고 서로 꼬집고 밀치는 것은 괜찮아도 잔디밭에는 들어가면 안 되었다. 굳이 누군가 와서 잔디밭에 들어가면 안 되고, 말을 듣지 않으면 벌을 받을 수 있다고 윽박지르지 않아도 되었다. 초록색 직사각형 표지판의 조용하고 위엄 있는 존재만으로도 다른 법을 따르는 세상이 있다는 것을 알 수 있었다.

속도감으로 즐거움을 주는 회전목마와 미끄럼틀 사이에서 잔디밭은 돌과 조각상처럼 조용하지만 위엄이 있었다. 따로 보호를 받는 잔디밭은 성소 같았다. 잔디밭이든 해변이든 거리든 더럽혀진 세상의 한 부분을 볼 때마다 어린 시절이 짓밟힌 것 같은 기분이 든다. 세상과 맺는 관계, 그리고 아름다움과 맺는 관계는 감각의 문제만이 아니다. 존중이 있어야 한다.

미학은 단번에 윤리와 매너 있는 행동을 요구한다. '잔디밭 출입 금지'라고 적힌 커다란 글자가 지구를 장식하는 상상을 할 수 있어야 한다. 그리고 이 글자를 명령이라기보다는 감사의 인사로 받아들일 수 있어야 한다. 초록색 잔디와 같은 방식으로 표지판이 우리의 삶을 아름답게 해주고 있으니 우리는 여기에 빚을 지고 있는 셈이다. 잔디밭은 필요하지만 없어도 큰일이 나는 것은 아니기에 보조적인 역할을 한다. 그런데 왜 놀이터에 잔디밭을 만들어야 할까? 공간을 최대한 활용해 놀이기구를 늘리는 것이 낫지 않을까? 그 이유는 어른들과 마찬가지로 아이들도 빵과 놀이만으로는 살 수 없기 때문이다. 어른들은 때로 이를 잊기도 하지만 말이다. 아이들은 망가지지 않은 온전한 잔디밭 앞에서 숨을 참고 행동을 조심할 필요가 있다.

대담하게 들릴 수도 있지만, 나는 신약성서에서 하느님이 명령한 금지 중 하나는 꼭 필요하다고 생각한다. '나를 만지지 말라.' 이 표현은 조금은 신기한 에피

소드에서 나왔다. 예수가 죽고 얼마 지나지 않아 여자 제자였던 막달라 마리아는 예수의 무덤에 갔다가 무덤이 비어 있다는 것을 알았다. 가지런히 접힌 수의만 남아 있었다.

당황한 막달라 마리아는 정원사로 보이는 사람에게 가서 큰소리로 말했다. "혹시 시신을 다른 곳으로 옮겼다면 어디로 옮겼는지 알려주세요."[29] 막달라 마리아는 정원사에게 예수의 시신을 돌려달라고 했다. 정원사가 "마리아"라고 이름을 불렀고, 곧바로 막달라 마리아는 정원사가 예수인 것을 알았다. 예수는 죽지 않았다. 아무리 여제자라도 신을 정원사로 오해하는 설정이라니 대담하다.

막달라 마리아는 예수를 붙잡아 꼭 안고 싶었다. 예수는 그녀에게 주님이자 주인이자 신앙이었다. 하지만 예수는 다가오지 말라는 듯 손짓하더니 "나를 만지지 말라"라고 말했다. 아무리 아껴도 소유는 할 수 없다. 아무리 사랑하는 것이라도 우리의 것이 되지는 않는다. 역설적이지만 아무리 사랑하는 상대여도 우리와는 다른 독립적인 존재이기에 자유롭게 오고 갈 수 있으며,

가까이에 있어도 길들일 수는 없다. '나를 만지지 말라'라는 성경의 표현은 '잔디밭 출입 금지'와 상통한다. 무언가를 금지하는 윤리는 우리와 자연이 맺는 관계에서 중요한 역할을 해야 한다.

일반적으로 '성스러움'과 '신성함'을 혼동한다. '신성함'은 인간 바깥의 영역, 즉 신의 세계를 가리킨다. 반면에 '성스러움'은 지키거나 보호해야 하는 대상을 가리킨다. '성스럽다'는 것은 만지면 '벌'을 받게 된다는 의미를 포함한다. 따라서 성역화된다는 것은 '침범할 수 없는' 상태라는 뜻이다.

'신성함'에는 옴짝달싹 못하게 하고 압도하는 위력이 있다. 반면 '성스러움'은 깨달음과 감동을 주고, 치유 능력이 있다. 세상을 성지처럼 봐야 한다. 성역화된 공간에서는 삶의 수준이 높아진다. 진정한 자연과 예술이다. 나보다 큰 존재는 가둘 수 없다. 이는 마치 신을 정원사라고 생각하는 실수와 같다.

아름다운 것을 박물관처럼 만들자든지, 생활공간을 감상하는 공간으로만 만들자는 말이 아니다. 이 세상을

세상과 맺는 관계, 그리고 아름다움과 맺는 관계는
감각의 문제만이 아니다. 존중이 있어야 한다.
금지의 윤리는 맹세와 같은 뜻이다.
세상의 아름다움을 지키겠다는 약속이다.

놀이터로 만들지는 말자는 뜻이다. 또한 모두를 위한 것은 개개인의 것이기도 하므로 모두 함께 책임져야 하고, 모든 것이 다 허용될 수는 없다는 생각을 지켜나가자는 뜻이다.

금지의 윤리는 처벌이 목적이 아니다. 타협할 수 없는 것, 우리의 욕망대로 할 수 없는 것을 알려주는 것이 목적이다. 나무들이 대성당을 이룬다는 말이 있지 않은가. 이는 그저 은유법이 아니다. 보호하고 존중해야 하는 것을 성소처럼 대하라는 생각을 반영한다.

금지는 장애물이 아니라 문턱을 나타낸다. 이 개념의 의미를 다시 이해할 필요가 있다. 분명 넘을 수 있는 선이 있지만 특별한 태도를 취해야 한다. 관광객처럼 모든 차이를 무시하고 획일적으로 만들어서는 안 된다. 관광객과 정반대로 행동하면 된다.

이 문턱의 개념을 기본으로 하는 금지의 윤리는 맹세와 같은 뜻이다. 세상의 아름다움을 지키겠다는 약속, 그러니까 성소를 지키듯이 하겠다는 약속이다. 소리를 지르고 서로 밀치고 장난은 칠 수 있어도 푸르른 잔디 같은 것은 함부로 해서는 안 된다.

　이처럼 아름다움을 신성시해야 한다는 생각을 가장 그럴듯하게 표현한 사람은 무신론자 철학자 카뮈다. 카뮈의 산문집 《결혼》은 바다, 빛, 철학에 대한 선언이며, 세상이 전하려는 메시지를 알려주는 선언이다. 이 책에 이런 구절이 있다. "보는 것, 이 땅에서 보는 것… 감상으로 충분하다. 여기서 즐기는 대상은 삶이다. 따뜻한 돌처럼 포근함이 느껴지다가도 바다처럼 밀려드는 한숨으로 가득하기도 한 삶…. 이렇게 흘러가는 평범한 삶을 사랑한다. 이 삶에 대해 자유롭게 말하고 싶다. 이 삶은 나에게 인간으로서 자부심을 안겨준다."[30]

⑳ 베네치아 문제

찬란함에 대한 우리의 책임

Venise

베네치아 이야기를 해야겠다. 진부한 이야기라는 건 잘 안다. 하지만 베네치아는 찬란함을 잘 보여주는 모범 답안이다. 숭고함까지 느껴지는 찬란함이다. 베네치아는 도시 전체가 예술 작품 같다. 돌멩이도 참신하고, 공기와 물이 유일한 경계다. 현실에 존재하는 도시라고는 믿기 힘들 정도로 찬란한 아름다움이 있는 베네치아를 직접 보기 위해 수십만 명의 사람들이 찾아온다. 마치 신이 나타났다는 기적의 장소를 찾아오듯이 말이다. 성스러운 베네치아는 천상의 도시다.

아름다운 모든 것과 마찬가지로 베네치아도 기후 변화, 관광, 각종 투기로 위협을 받고 있다. 어떻게 해야 할까? 방문 시간과 횟수를 제한해야 할까? 두브로브니크처럼 바퀴 달린 트렁크를 금지하거나 포르토피노처럼 걷는 것을 금지해야 할까? 휴가철에 집을 숙소로 임대하는 것에 제한을 두어야 할까? 암스테르담처럼 관광객 매너교육을 해야 할까? 암스테르담에서는 거리와 운하에서 술을 마시는 관광객에게 벌금을 부과한다. 모두가 함께 사용하는 공공재이니 자기 집처럼 조심해서 사용하라고 안내해야 할까?

사실 숙소 임대 플랫폼과 매너 교육 부문에서 하루빨리 구체적인 결정을 내려야 할 것 같다. 생태계는 자연만 의미하지 않는다. 세상, 도시, 바다, 관광객과 거주민을 모두 아우르는 것이 생태계다. 분노만 하고 끝낼 수는 없다. 분노는 꼭 필요하지만, 행동으로 이어지지 않으면 아무 소용이 없다. 규제책은 시 법령, 정부 법률, 국제 규정을 통해 구체적인 모양새를 갖춰야 한다.

오버투어리즘을 지적하며 관광객을 조롱하는 분위기가 팽배해 있다. 어떻게 보면 관광객도 희생양인데, 맥주 캔, 해변용 샌들, 우스꽝스러운 옷으로 희화화된다. 관광객에 대한 이런 짓궂은 풍자가 거만함으로 보여서 참을 수가 없다. 마치 좋은 관광객과 나쁜 관광객, 유명인사와 급이 낮은 사람으로 나뉘어 있는 것처럼 바라보는 거만함이다. 그리고 이 유행에서 느껴지는 또 다른 감정은 사악한 비겁함이다. 관광의 문제가 정치적 무능과

이를 방관하는 우리 모두의 탓이라는 것을 쉽게 잊는다.

환경을 보호해야 한다는 마음이 절박하다면 아름다움을 교육하고 보고 느끼는 방식을 가르쳐야 한다. 자신이 느낀 것을 어떻게 이야기로 풀어갈지, 미적 감각을 어떻게 설명할지 배워야 한다. 그리고 이를 배우려면 사진 찍기 같은 활동을 잠시 중단하고 조용한 환경에서 머물러봐야 한다는 것을 알아야 한다. 잠시만 참아보면 아름다움과 만날 수 있다. 마치 누군가와 처음 만나는 것처럼 보고 느낄 준비가 되어 있다면 우리의 공간과 이야기가 새로워진다. 눈으로 볼 때 글을 읽는 것처럼 해보자. 단어를 건너뛰지 말고 읽고, 무언가를 발견하면 적당히 넘어가지 말고 꼼꼼하게 읽어야 한다. 마치 음모를 밝히듯 궁금한 것이 있으면 제대로 알아보려는 자세가 필요하다.

공공장소에서 담배를 피우면 안 된다는 것을 깜빡 잊을 때가 있다. 눈앞에 보이는 것에 무관심하면 안 된다는 것을 깜빡 잊을 수도 있다. 보이는 것에 무관심한 태도는 세상을 존중하지 않고 마음대로 휘젓고 다니는 것과 같다. 베네치아의 궁전인 카 도로$^{Ca'\,d'Oro}$의 대리석,

아름다움을 보게 되면 우리는 훨씬 멀리 볼 수 있다.
우리는 과거와 미래의 시간을 끌어안고,
그 과정에서 우리보다 먼저 아름다움을 알았던 사람들,
우리 다음으로 아름다움에 감동을 받을 사람들이 만들어가는
기나긴 이야기 속으로 들어간다.
여기에 신성함이나 성스러움은 필요 없다.

푸르른 잔디, 표범 등 모든 것에는 생명이 깃들어 있다. 세상의 찬란함은 탄탄한 토양이다. 그 토양 위에서 우리 모두의 것이 무엇인지 알아보고 신성하게 대할 수 있다.

환경 개념을 도덕적으로 만드는 것, 생태계 미학적으로 만드는 것 모두 필요하다고 생각한다. '미학생태학'이 필요하다. 미학을 기본으로 하는 윤리다. 여기서 '보는 행위'는 이 세상이 단순한 공간이 아니라 보존하고 미래 세대에게 물려줄 유산임을 깨닫게 해주는 특별한 방법이다. 온전히 보게 되면 모든 감각이 자극을 받고, 몸과 마음이 몰입한다.

이처럼 관심을 기울이는 노력을 하면서 우리는 주변의 아름다움과 일대일로 열정적으로 소통한다. 우리가 세상, 자연과 관계를 맺을 때는 더 이상 세상과 자연을 노리개와 도구로 취급해서는 안 된다. 이 도시, 축제를 하는 이 해변, 나의 휴가를 위한 바다, 나의 힐링을 위한 동물…. 이렇게 대해서는 안 된다. 미학생태학은 범위를 좁게 제한하지 않는다. 미학생태계가 기본으로 삼는 확신이 있다. 아름다움은 정성을 들여야만 얻을 수 있다는 확신이다.

우리에게는 자기중심적인 관심과 즐거움을 뛰어넘을 수 있는 능력이 있다. 바로 도덕적인 능력이다. 아름다움을 보게 되면 우리는 훨씬 멀리 볼 수 있다. 우리는 과거와 미래의 시간을 끌어안고, 그 과정에서 우리보다 먼저 아름다움을 알았던 사람들, 우리 다음으로 아름다움에 감동을 받을 사람들이 만들어가는 기나긴 이야기 속으로 들어간다. 여기에 신성함이나 성스러움은 필요 없다.

루아르강, 왕거누이강, 갠지스강을 권리를 가진 법적 인격체로 만드는 상상을 할 수 있다. 하지만 이들을 지키려면 인간이 필요하다. 인간은 마음만 먹으면 아름다움은 그 무엇과도 바꿀 수 없으므로 반드시 지켜야 한다는 도덕적인 의무를 가질 수 있다. 실제로 인간은 착한 일은 하고 나쁜 짓은 하지 말아야 한다는 생각을 갖고 있지 않은가. 우리 인간은 세상의 찬란함을 영원히 책임져야 한다.

이 같은 약속은 윤리와 관계되기 때문에 평범한 약속과는 다르다. 아름다움을 지키겠다는 맹세는 그저 재미로 하는 것이 아니며, 유효기간이 없다. 우리는 아름다움을 미래 세대에게 물려줄 유산으로 생각해 멋진 장소나 휴양지를 떠난 후에도 이 장소들을 책임감 있게 보호해야 한다.

우리는 아름다움에 깃든 찬란함을 나의 것처럼 아껴야 한다. 지중해, 반 고흐의 그림, 북극곰, 베네치아와 포르토피노를 나의 것, 내가 받은 유산, 나의 야망처럼 소중히 해야 한다. 다 같이 가꾸어나갈 세상이 존재하려면 아름다움과 만난 개개인의 경험이 필요하다. 경험이 없다면 공허한 이론으로만 남는다. 모든 관계에는 의무가 따른다. 우리는 이 세상과 떼려야 뗄 수 없는 관계를 맺고 있다. 우리는 겉핥기식으로만 보는 관광객과는 다른 존재가 될 수 있다. 바다, 거리, 숲을 보고 지나가는 데 그치지 않고 이들의 수호자가 되면 된다.

우리는 미학생태학적으로 세상을 살아가는 시민이며, 이러한 세상의 아름다움을 지키며 살아가는 주민이다. 우리가 살고 있는 이 시대는 종말의 시대가 아니라, 용기와 자유의 시대다. 우리의 태도에 따라 생태학은 미학적일 수도 있고 아닐 수도 있다.

㉑ 호기심이 쌓은 섬

아름다움을 보는 눈을 갖는 노력

curiosité

그의 이름은 퍼시벌이다. 아서왕의 전설에 등장하는 기사들 중 한 명인 퍼시벌은 역사, 원탁, 성배, 탐구, 이상을 전혀 이해하지 못했다. 그는 이해가 되지 않는 것들이 지닌 신비로움을 밝혀내고 하늘을 볼 수 있을 것이라고 믿고 계속 길을 갔다. 관광객처럼 주변을 찬찬히 보지 않고 그냥 지나쳐 가던 어느 날, 그는 어느 성에서 반짝이는 잔을 보았지만, 이 잔이 무엇인지 전혀 궁금해하지 않았다. "아, 멋지군. 그럼 이만." 그런데 그 잔이 바로 성배였다. 퍼시벌은 이렇게 눈앞의 성배를 놓치고 말았다.

입을 벌리고 감탄만 하고 끝내서는 안 된다. 호기심을 가져야 한다. 호기심은 반드시 지녀야 하는 자질로, 아름다움을 보는 눈이다. 호기심이 장착되면 눈에 보이는 것이 입체감을 가지면서 한층 매력적으로 다가온다. 그렇지 않다면 왜 관찰을 하겠는가? 호기심은 멋진 풍경이나 이국적인 것에만 발동하지 않는다. 호기심은 강렬한 감각이며, 현실에 의문을 제기하는 방식이다. 우리가 상상하는 것과 달리 명상은 감탄하면서 응시하기만 하는 수동적인 행위가 아니라 적극적으로 참여하면서 이루어지는 것이다. 적극적으로 참여하지 않으면 성배가 앞에 있어도 알아차리지 못할 수 있다.

그러나 관광객에게는 두 번째 기회가 존재할 수 있다. 아름다움은 또 한 번 예고 없이 퍼시벌을 찾아왔다. 이번에는 눈 위에 떨어진 세 개의 작은 핏방울 형태였다. 마치 하이쿠(일본의 정형시)에 묘사되는 장면 같다. 프랑스어처럼 무언가가 정착되기 이전의 시대였던 12세기에 크레티앵 드 트루아가 쓴 소설 《그라알 이야기》에 나오는 퍼시벌의 이야기다. "퍼시벌은 꽁꽁 얼어붙은 눈 덮인 초원으로 곧장 왔다. 하지만 퍼시벌이 텐트로 돌아오기 전에 기러기떼가 지나갔다. 초원을 덮고 있는 눈이 반짝였다."[31]

퍼시벌은 기러기떼가 보였던 곳으로 다가갔다. 기러기 한 마리가 목에 상처를 입은 채로 있었다. "기러기가 목에서 세 방울의 피를 흘렸고, 세 개의 핏방울이 하얀 눈 위에 퍼졌다." 흰색 위의 빨간색, 이미 단순한 피와 눈이 아니다. 이는 사고처럼 생각지도 못한 우연이며, 바로 여기에 있는 것이 아름다움이다.

 탐내는 사람들이 많은 성배는 나사렛 예수의 피를 담고 있다고 알려져 있다. 신이 살과 뼈로 이루어진 인간의 모습으로 이 땅에 내려와 인류의 고통을 대신 짊어졌음을 증명하는 것이 성배다. 하지만 내가 생각하는 성배는 눈 위에 퍼진 핏자국에 깃든 아름다움 앞에서 호기심을 느낄 줄 아는 감성이다. 호기심을 가지려는 노력을 하면 눈앞에 보이는 것에 의미를 부여할 수 있다.
 물론 아름다운 것은 이론이나 이야기처럼 의미를 부여하지는 않지만, 아름다움이 지닌 강렬함은 담론을 만들어낸다. 우리는 그 아름다움을 읽고 해독해 숨겨진 메시지를 이해하는 법을 배워야 한다.
 그것은 무엇일까? 말하기도 어렵고 그럴듯하게 설명하기도 어렵다. 우리는 정확히 알 수 없지만, 모든 것이 이전보다는 밝아 보인다. 우연히 아름다움을 접하면 뭔가 확신을 얻은 기분이다. 처음 장면에서 퍼시벌은 세상의 찬란함에 충분히 관심을 두지 않았다. 무기력과

무감각에 빠져 있던 퍼시벌은 세상의 찬란함을 미처 알아보지 못했다. 나는 퍼시벌처럼 되고 싶지 않다. 세상이 건네는 말에 귀를 기울여보자. "뭐라고?" "어떻게?" "사물들의 언어를 내게 알려줘."

여기서 호기심은 말초적인 자극 추구를 뜻하지 않는다. 원래 '호기심^{curiosité}'이라는 단어는 '걱정하고 보살피다'에서 왔다. 어원에서 알 수 있듯이 호기심은 돌보는 마음이다. 돌보는 것은 단순히 관심을 주는 것 이상이다. 나 이외의 것을 진심으로 걱정하는 마음이 돌보는 행위다. 돌보는 것은 이타주의적 관용이다. 따라서 '돌보지 않다'는 부정적인 뜻으로, '무심함'을 나타낸다. 호기심이 있다는 것은 세상을 돌보고 세상에 귀를 기울인다는 의미다.

호기심을 기르는 좋은 방법은 자연이든 예술이든 아름다움을 특별한 신호로 이해하는 것이다. 마음 편하자고 믿는 미신과는 다르다. 사물을 신이 보낸 사자使者로 보는 정령숭배 신앙과도 다르다. 신이나 신비주의가 굳이 필요하지 않다. 호기심만 보여주면 된다. 호기심

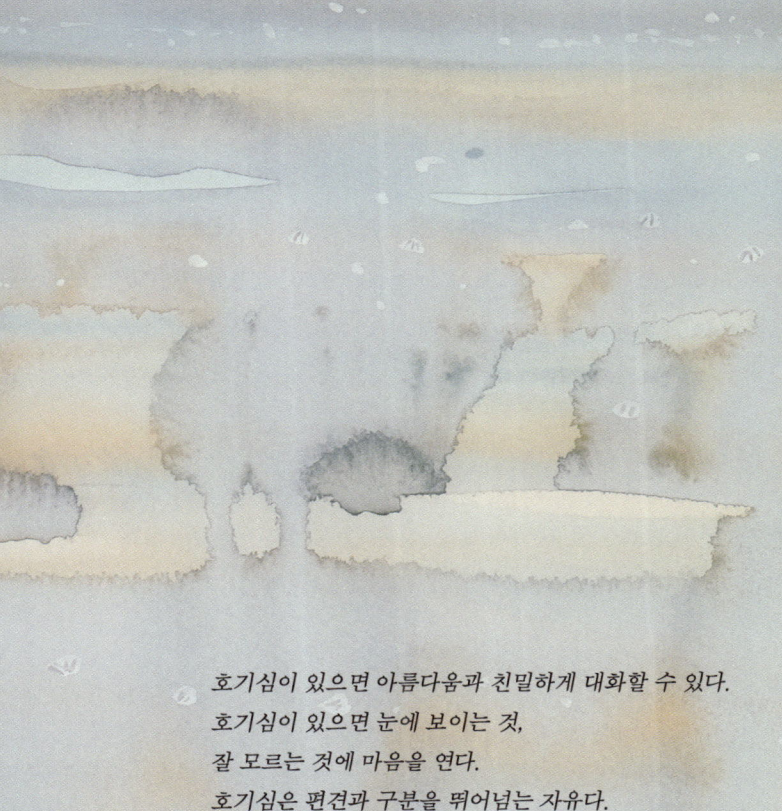

호기심이 있으면 아름다움과 친밀하게 대화할 수 있다.
호기심이 있으면 눈에 보이는 것,
잘 모르는 것에 마음을 연다.
호기심은 편견과 구분을 뛰어넘는 자유다.
호기심을 갖고 보고 느낄 때, 듣고 탐험할 때,
모험이 시작된다.

은 응용력이며, 지식에 대한 갈증이다.

어떤 지식일까? 아름다움에 관한 지식? 그렇다. 지식은 과학과 철학의 전유물이 아니다. 아름다움을 경험하고, 아름다움을 이야기하고 보는 것에도 의미가 있다. 레오나르도 다빈치는 그림은 '정신적인 것'이라고 선언하지 않았는가? 다빈치에 따르면, 그림은 생각하고 말한다. 호기심이 있으면 아름다움과 친밀하게 대화할 수 있다. 호기심이 있으면 눈에 보이는 것, 잘 모르는 것에 마음을 연다. 호기심은 편견과 구분을 뛰어넘는 자유다. 호기심을 갖고 보고 느낄 때, 듣고 탐험할 때, 모험이 시작된다. "다시 말해줘, 놀라운 아름다움, 예상치 못한 찬란함에 대해서."

아우구스티누스는 호기심이 성욕, 충동과 관계가 있다고 했다. 그의 말이 맞았다. 호기심은 보고 싶은 강한 욕망, 본 것을 알아보고 싶은 갈망이다.[32] 아우구스티누스는 이런 욕망을 비난했다. 신비로움을 유지하는 데 위협이 되는 욕망이었기 때문이다. 그는 사람들이 질문이 아니라 기도로 신에게 접근하기를 바랐다. 그러나 나는 열의와 관심이 있다면 세상에 다가갈 것이라고 믿는다. 세상에 다가가는 이유는 단순히 세상과 연결되었다는 느낌을 갖기 위해서가 아니다. 세상이 하는 노래를 듣고 가사를 이해하며 즐거움을 느끼기 위해서다. 호기심은 결점이 아니다. 오히려 호기심은 보기만 하고 의문을 품지 않는 태도를 결점으로 본다. 호기심만 있어도 취향이 만들어져 판단을 할 수 있다. 정신적으로, 감정적으로 독립할 수 있는 것이다.

이렇게 생각하다 보면 여행 방식도 바꿀 수 있을 것 같다. 그러면 더 이상 보물찾기하듯 경쟁적으로 유명한 풍경을 보기 위해 관광지로 달려가는 여행은 하지 않을 것이다. 그 대신 성지순례 같은 여행을 하게 된다. 아름다움을 만나러 가는 여행이다. '아름다움'이라는 성배는 모퉁이를 돌다가 우연히 만날 수 있다. 이는 눈 위에 퍼진 핏자국처럼 단순하고 눈부시다. 종교적인 경험이라고 속단해서는 안 된다. 눈에 보이는 것에 감동하고 호기심을 느끼는 것은 지극히 세속적인 감정이다.

이런 방법으로 여행할 때는 어딘가에 도착하는 것이 아니라 변화하는 것이 중요하다. 변화는 떠나왔던 곳으로 되돌아가지 않는 것이다. 여행에서는 목적지만 중요하지는 않다. 여정 중에 보는 모든 것에는 신호가 있고, 해독할 텍스트가 있다. 찬란함을 만나면 막연히 상상하는 것을 경험하고 볼 기회가 늘어난다. 잘 보면 세상의 모든 것이 이야기가 된다.

아름다움이 있는 곳이 조국이라고 생각하는 여행자를 묘사하는 낭만적인 독일어가 있다. '방랑자'를 뜻하는 'Wanderer'다. 특별히 무언가를 하려고 하지 않고 보이는 것을 해독하려는 방랑자, 아름다움을 여행지로 생각하는 유목민이다. 방랑자 같은 여행자에게는 느낌에 몰입하는 것이 중요하다. 랭보도 이런 여행가였다. 랭보가 묘사한 글을 보자. "꿈꾸는 것을 좋아한다. 말에서 신선함이 느껴질 것 같다. 모자를 쓰지 않은 머리에 바람이 불 것이다. 내 영혼에 영원한 사랑이 깃들 것이다. 나는 집시처럼 멀리멀리 갈 것이다."[33]

이렇게 하는 것이 여행의 시작이다. 관심을 두는 것만으로는 부족하다. 보이는 것에만 눈길을 줄 수 있기 때문이다. 몰입해야 한다. 어떻게? 메모하고 기록하고 디테일을 즐기면서. 지평선을 탐색하는 항해사처럼, 하늘을 보며 미래를 점치려는 동방박사처럼 몰입하는 것이 중요하다.

이 같은 호기심 연습은 엄밀한 의미에서 치유다. 호기심을 가지면 그다지 중요하지 않은 것을 내려놓고 자신만의 생각과 감각을 기를 수 있다. 나는 귀를 기울이고 마음을 연다. 파도가 치는 푸른 바다는 내게 뭐라고 속삭이고 있을까? 세네카가 파스칼의 책에서 개인적으로 얻을 수 있는 충고는 무엇일까? 하늘을 나는 새와 16세기 화가인 피터르 브뤼헐의 그림이 내게 들려주는 이야기는 무엇일까?

그러면 성배가 지나갈 때 말을 걸 수 있을 것이다. 내가 원하는 것은 한 가지다. '길이 길게 이어지고, 내 생각이 높은 곳에 머무는 것.' 그리스의 시인 콘스탄티노스 페트루 카바피스의 조언도 비슷했다. "여행 시간을 줄이지 마라. 여행은 오랫동안 하는 것이 좋다. 그리고 노년이 되면 자신만의 섬에 가는 것이 좋다. 여정에서 얻은 것이 풍부하게 쌓인 자신만의 섬 말이다."

㉒ 가보지 않은 길

현실에만 머무르지 말 것

transformation

포르투갈 리스본의 타구스강 하구에 있는 코르메시우 광장의 카페 아 브라질레이라 두 시아두. 그 남자는 평소 좋아하는 자리에 앉아 있다. 이곳에서는 도시와 강이 만나 가까이에 있는 바다로 합류할 준비를 한다. 남자는 페르난두 페소아. 그는 테라스 자리에서 저 멀리 바다를 바라보며 '해양 생활'을 상상한다. 《불안의 책》은 그가 세상을 떠난 후에 출간되었다.

해양 생활은 어떤 이야기로 이루어져 있을까? 위대한 출발의 꿈, 벅차오르는 가슴, 원대한 것을 보는 눈, 좀 더 강렬한 삶을 살기 위해 탈출하고 싶은 욕망…. 이 모든 것이 바다 위에서의 삶을 만든다. 회계사인 페소아는 실제로 선원 생활을 한 경험이 있었다. 상상하고 느끼는 순간, 이미 항해를 떠난 것과 마찬가지다.

파도에 몸을 맡기며 항해한다. 위험한 바다를…
바람과 태풍의 힘으로 먼지처럼 일어난다!

하지만 떠나고, 또 떠나고 떠난다!

내 몸 안에 흐르는 피가 왜 자신은 날개가 없냐며 분통을 터뜨린다.

내 삶의 반경이 좁다고 생각하니 열이 난다.

―욕망 34

'여기'에만 머물지 말자. 장소의 문제가 아니라 존재의 문제다. '여기'는 현실을 가리킨다. 현실은 폭염처럼 짓눌린 일상이다. 페소아는 매일 같은 모습으로 살아가는 일차원적인 삶이 현실이라고 비판했다. 그날이 그날인 것처럼 반복되는 일상이 현실이다. "월요일, 장 클로드는 더 이상 나를 사랑하지 않는다. 원하는 자리를 얻지 못했다. 돈이 필요한데 없다." 현실은 수학과 같다. 1+1은 2가 될 뿐, 3이 되지는 않는다. 고양이는 고양이지, 다른 이름으로 불릴 일이 없다.

하지만 아름다움을 보고 감동하면 삶은 다른 차원이 되면서 예상하지 못한 깊이를 지닌다. 삶은 비밀 통로, 탈출구가 된다. 굳이 리스본으로 떠날 필요도, 먼 바다를 항해할 필요도 없다. 보이는 것에 몸을 맡기고 감각을 마음껏 경험하기만 하면 된다. 현실만으로는 살아갈 수 없다.

세상에는 생각보다 경험할 것이 아주 많다. 아름다움을 경험하면 배우는 교훈이 있다. 세상은 생각보다 대단한 곳이라는 것이다. 하얀 눈 위에 떨어진 몇 방울의 피도 성배가 될 수 있고, 지붕 위에 앉은 까마귀가 나에게 다가올 미래를 이야기해줄 수 있다. 페소아가 말한 것처럼, 여행이란 '보는 것으로 만족하는 것'이다. 행복은 여기에서 시작된다. 찬란함은 독한 술과 같은 효과가 있다. 일상을 탈출하는 데 찬란함보다 좋은 방법은 없다.

우리는 일상을 탈출하고 싶다고 말은 하지만, 실제로는 안정을 좋아한다. 프로그램 순서를 보고, 미리 짠 일정대로 여행한다. 리스본, 브라질레이라 카페, 벨렝탑, 포르투갈, 미션 완료. 정해진 것을 보지만 걸어온 길은 제대로 보지 않는다. 관광지를 연달아 방문하지만 분위기에 집중하지는 않는다. 결국 제대로 본 것도, 경험한 것도 없다.

페소아의 교훈을 조금이라도 기억한다면 이렇게 말할 수도 있을 것이다. "존재한다는 사실에 취한다, 마치 술을 마신 것처럼. 시간이 되면 사무실에 돌아온다. 시간 여유가 좀 있다면 강까지 간다. 이 모든 것 뒤에는 나의 하늘이 있다. 별로 가득한 하늘을 상상한다. 나의 무한함을 손에 넣는다."[35] 아름다움을 경험하면 나의 존재가 무한해지는 것 같은 기분이 든다.

좀 더 활기찬 삶을 위해 어딘가로 떠난다는 상상을 해보면 어떨까? 그러면 카페 테라스에 앉아 주변을 바라보는 일상도 소박하지만 빛나는 경험이 된다. 여기에 여행의 진정한 의미가 있다. 하늘을 바라보는 것도, 다시 일을 시작하는 일상도 여행이 된다.

잠시 현실을 벗어나 많은 것을 다른 방식으로 경험해보자. 수많은 자기계발서는 지금 이곳에 안주하지 말라고, 아직 가보지 않은 길이 있다고 강조한다. 앞으로 맞이할 미래, 시간의 깊이와 같은 존재의 저장고다. 우리는 세상에 갈 때 마치 바다에 가거나 종교를 믿기 시작할 때처럼 세련된 의식과 엄숙함을 동반한다. 그러나 그럴 필요는 없다. 너무 서두르지 말고 여유를 갖고 호기심에 취해보자. 그리고 인생을 독한 술처럼 들이마셔보자.

풍경이든 도시든 글이든 아름다움을 경험하면 우리의 일상은 물론 우리 자신도 달라진다. 변화에는 순서가 있다. 하지만 우리는 대부분의 시간을 쳇바퀴 도는 현실에서 보낸다. 그러나 아름다움을 경험하면 우리의 일상이 달라지고, 그다음에는 우리의 성격이 달라지고, 이어서 우리의 과거가 달라진다. 아름다움의 미덕으로 우리는 닻을 내린 고요한 여행자가 된다.

우리는 더 넓고 더 강렬한 존재에 다가간다. 실천하기 어려운 일이라며 반박하는 사람이 있을지도 모르겠다. 그러면 나는 이렇게 대답할 것이다. "실제로는 우리가 살아가면서 이미 경험하고 있습니다." 우리가 각자 '아름답다'고 느끼면 페르난두 페소아와 함께 같은 마음으로 이렇게 말할 것이다.

떠나고 싶다.
나라는 인간이 크게 달라지는 것을 느끼고 싶다!

아름다움을 보고 감동하면
삶은 다른 차원이 되면서 예상하지 못한 깊이를 지닌다.
삶은 비밀 통로, 탈출구가 된다.
굳이 리스본으로 떠날 필요도, 먼 바다를 항해할 필요도 없다.
보이는 것에 몸을 맡기고 감각을 마음껏 경험하기만 하면 된다.
현실만으로는 살아갈 수 없다.

그리고 내가 한 행동들을 지워버리고 싶다.

평화로운 삶,

정적이고 변화가 없는 삶, 다시 새롭게 변화시켜보는 삶.[36]

우리는 현실에 안주하려고 태어나지 않았다. 우리는 변화와 여행을 위해 존재한다. 일상뿐 아니라 여행에서도 이 전환점을 찾아야 한다. 이 전환의 순간에 우리에게는 무한한 가능성이 있다. 보는 것은 여행하는 것과 같다. 카페 테라스에 가만히 앉아 있어도 아름다움과 만나 충격을 느낄 수 있다. 그 순간, 우리는 갑자기 다른 사람이 된다. 아름다움을 경험하면 우리는 고정관념에서 벗어나 스스로의 정체성을 확신한다. 우리는 우리 자신이 누구인지 알고 있다.

이런 과정을 경험하기 위해 멋진 풍경을 보거나 경이로움을 키울 필요는 없다. 우리의 느낌을 깊이 분석하고 감정의 절정에 이르러 미지의 땅처럼 탐험하기만 하면 된다. 이는 감성을 통한 변화다. "아름답다"라고 말하면 더욱 큰 존재가 된다. 어떻게 더욱 큰 존재가 되는지는 중요하지 않다. 이미 느끼고 있다면 더 큰 존재가 되기 때문이다.

"나는 꿈만 꾸는 사람은 되고 싶지 않았다. 누군가 나에게 제대로 살아야 한다고 말하면 딴청을 부렸다. 나는 언제나 현재에 충실하지 못했고, 내가 속할 수 없는 세상만 꿈꾸었다."[37] 페소아의 고백은 나의 신조가 되었다. 지금 여기에 만족할 수 없다. 아직 보지 못한 세상에 속하고 싶다.

㉓
마음의 태양

모든 사람이 가진 빛나는 능력

incandescence

한 영국인의 이야기다. 이 영국인은 유명해지는 방법, 높은 곳에 올라갈 방법을 생각했다. 그래서 그는 의학을 공부하기로 결심했다. 야망이 넘치는 이 남자는 생리학자인 윌리엄 하비로, 훗날 혈액 순환을 발견하는 인물이다. 1628년에 하비는 《동물의 심장과 혈액의 운동에 관한 해부학적 연구 An Anatomical Exercise on the Motion of the Heart and Blood in Animals》를 발표했다. 여기서 그는 고대부터 믿어온 것과 달리 혈액은 간이 아니라 심장에서 만들어진다고 설명했다. 루이 14세는 흥분했다. 루이 14세는 혁명적인 발견인 '혈액 순환'을 가르쳐야 한다고 명령했다. 훗날 자연사박물관이 되는 곳에서 교육이 이루어졌다.

심장을 '몸의 태양'처럼 만들어주는 움직임은 특별한 리듬을 따른다. 수축과 이완을 통해 심방이 벌어지고 다시 새롭게 생명으로 채워지는 구조다. 아름다움도 심장처럼 우리의 마음 안에서 확장된다. 정말로 심리적이고 생리적인 변화다. 한껏 상승한 기분이지만 마음은 평온함을 유지한다. 증폭되는 느낌이다. 이는 두 가지 의미에서 확장을 경험하는 순간이다. 하나는 수감자가 석방될 때처럼 느끼는 해방감, 다른 하나는 또다시 시작되는 진폭 같은 흥분이다.

황야를 주제로 삼았던 미국 시인 월트 휘트먼은 '팽창'을 이야기한다. 이는 되찾은 '자부심'이자 충만함을 동시에 느끼는 표현이다.[38] '아름답다'는 이러한 해방감을 입으로 내뱉는 표현이다. 아름다움을 경험하고 기억하면 호흡이 정상으로 돌아오고 혈액이 다시 순환하는 것 같은 느낌을 받게 된다. 감탄하면 나오는 딸꾹질이 아니라 몸과 기억 속에 깊이 파고드는 심오한 변화다.

이때 우리는 갑자기 깨닫는다. 우리가 살아가는 이유는 아름다움과 소통하기 위해서라는 것을 말이다. 시, 바다 위에 떠 있는 달, 베네치아…. 그 무엇과도 비교할 수 없는 경험의 즐거움이다. 생각지도 못하게 한층 성숙해진 느낌이다.

내면이 커지고 깊어지고 넓어지는 경험을 가리키는 용어가 '초월성'이다. 아름다움이 종교 영역에 속한다는 주장을 하려는 것이 아니다. 경험이 그만큼 우리의 느낌을 압도한다는 이야기를 하려는 것이다. 이는 갈증, 배고픔, 단순한 욕구처럼 쉽게 사라지지 않으며, 쾌락처럼 처음과 끝이 있지도 않다. 찬란함은 세상에 존재하는 초월성을 잘 보여준다. 그만큼 세상에는 우리 눈으로 볼 수 있는 것보다 더 많은 것이 존재한다. 하지만 초월성은 우리가 느낄 수 있는 것이다. 우리는 초월성을 통해 감동할 수 있다.

우리는 어떻게 표현해야 할지 고민하지 않는다. 이미 우리가 알고 이해하고 있기 때문이다. 세상은 정말로 무한하다. 페소아의 말이 맞았다. 우리는 그 무한함을 갖고 있다. 신과 신성함이 있는 저 너머 세상이 존재한다는 뜻이 아니다. 우리가 접근해야 할 완벽함을 이야기하는 것도 아니다. 그보다는 내 눈앞에 있는 것, 예를 들어, 흰색, 빨간색, 까마귀, 들판, 세잔의 그림, 보들레르의 시 같은 것을 말하는 것이다.

그러니 우리는 세상의 찬란함을 찾아다니는 순례자들이다. 마침내 우리는 목적지에 도착했다는 느낌을 받는다. 아름다움이 우리를 사로잡는 곳이 목적지다. 우리는 우리가 원하는 것을 본다. 우리의 내면에는 일상이 함부로 망칠 수 없는 무언가가 있다.

　나는 경탄과 감탄을 경계한다고 말한 바 있다. 경탄과 감탄은 성과를 요구하는 것 같아서다. 마치 자극적인 놀라움을 파는 상품을 만드는 것처럼 보인다. 경탄과 감탄은 과장된 놀라움으로 결국엔 흔해지고 만다. 일종의 자아도취, 은근한 자기 숭배와도 같다. 경탄할 수 있는 능력은 종교적인 것과 뛰어난 개인과 관계된 것이 아닐까? 그러나 찬란함은 이보다는 겸손을 필요로 한다. 이름 없이 나타날 때가 많은 찬란함은 주고받는 교환의 논리를 따르지 않는다. 그렇다. 세상에 경탄하려면 재능이 필요하다.

　프루스트는 페르메이르의 그림에는 귀한 것이 있다고 했다. 〈델프트 풍경〉에서 거의 보이지 않을 정도로 작은 노란 벽 부분이다. 페르메이르의 그림은 아름답기 때문에 누구나 쉽게 납득한다. 하지만 그의 그림이 찬란한 이유는 디테일에 있다. 우리의 시선이 잘 미치지 않는 곳에서도 빛나는 아름다움. 노란색 벽은 눈에 잘 띄지 않지만 태양처럼 빛난다. "그 노란 벽은 너무나 잘

아름다움과 만나 갑자기 해방감과 행복감을
느껴본 경험이 어떤 것이었는지 떠올려본다.
여름날 저녁, 보들레르의 시처럼
자신에게 특별한 것으로 다가오는 경험을 소중히 해야 한다.

그려져서 마치 귀중한 중국 예술 작품처럼 그저 지켜보는 것만으로도 충분한 아름다움을 느낄 수 있다. 그 자체로 충분하다."^39 자체적으로 빛을 내는 아름다움이 찬란함이며, 이것이 나의 욕망을 자극한다. 아름다움은 거창하거나 화려할 필요가 없다.

상승을 무조건 수직 방향이라고 생각하면 안 된다. 산소가 부족한 꼭대기까지 올라가 황홀함을 맛보는 것만이 상승은 아니다. 수평 방향으로 이어지는 초월성도 상승이다. 수평 방향의 상승은 높이가 아니라 넓은 범위를 중시한다. 찬란함에 감동받을 때 우리의 존재가 커지고 세상도 넓어지는 것 같은 경험을 한다. 문이 열리고 벽이 무너지고 지평선이 넓어진다.

비유하자면 백열이다. 잊지 못할 뜨거움, 몸에 남는 아름다움의 흔적, 말 그대로 '하얗게 불태운 영혼'이다. 하얗게 달궈진 영혼은 다시 태어나고, 세상은 더욱 빛난다. 실제로 '백열'이라는 단어는 '강렬한 열기 아래에서 하얗게 되다'라는 뜻을 지닌 라틴어 'candidus'에서 나왔다. 백열은 반짝이는 생생함으로 가득한 인생이다. 태양 아래 몸이 따뜻해지면서 새로운 존재로 태어나는 것과 같은 기분이다. 아름다움과 만나 전기가 통하면서 뜨거워지는 순간들을 별것 아닌 것으로 무시하지 말자.

심리학 이론은 우리 안에서 어떤 일이 일어나고 있는지 알려준다. 심리학자인 미하이 칙센트미하이는 행복을 경험하는 순간을 '몰입flow'이라는 용어로 설명한다. 그는 이를 메달을 따느냐 따지 못하느냐에 관계없이 선수가 느끼는 성취감에 비유한다. 추진력과 만족감이 있는 긍정적인 감정이며, 편안함, 집중, 강렬함이 있는 '최적의 경험'이다. 몰입 상태가 되면 우리는 시간 개념을 잊고 산만함이나 지루함은 전혀 느끼지 못한 채 완전한 존재감을 느끼며 자신을 잊는다. "항해하는 사람이 얼굴에 바람이 스칠 때 느끼는 감정입니다."[40] 칙센트미하이의 말이다.

아름다움과 만날 때 느끼는 백열도 비슷하다. 아름다움을 경험하면 해방감, 새로 태어나는 기분, 경쾌함, 강렬함을 느낀다. "아름다워!"라며 입에서 나오는 감탄사는 또 다른 숨결과도 같다. 이와 함께 우리 자신의 존재는 커진다. 우리가 생각하는 것 이상으로 충실하게 살게 되고, 바빠도 만족을 느낄 수 있다.

그런데 이렇게 아름다움을 경험하는 빛나는 과정을 방해하는 장애물이 있을 수 있다. 주의력 부족, 잡음, 평가, 지나치게 바쁜 일정, 이대로 편하게 있고 싶은 마음 같은 것들 말이다. 페르메이르를 예로 들자면, 그의 그림을 보고 어떤 느낌인지 묘사하고 싶은데 표현력이 부족할 때, 디테일에 무관심할 때, 바빠도 활동을 멈출 수 없을 때, 모르는 것이 있을까 봐 두려울 때 등이 그런 장애물이 아닐까? 페르메이르의 그림만이 아니다. 상상력이 부족하면 현재 보거나 읽거나 듣는 것에 온전히 집중하지 못한다. 그리고 감정이 뜨뜻미지근하며 감정의 동요와 열정을 느끼지 못한다.

상상력은 아름다움과 주기적으로 만나야 기를 수 있다. 이때 필요한 것은 독립심, 호기심, 열정, 독창성이다. 풍경이든 영화든 소설이든 무언가가 진정으로 좋다면 이야기해야 한다. 열정적으로 묘사하고 적극적으로 공유해야 한다. 철을 단련하듯이 판단력을 기르고, 자신감 있게 행동하고, 자신의 생각을 믿어보자. 문화적이든 사회적이든 불가능한 것은 없다. 아름다움을 보고 황홀해하는 경험은 특별한 사람만 누리는 특권이 아니다. 아름다움을 만나 백열처럼 강렬한 느낌을 받는 것은 누구라도 할 수 있다. 우리에게는 이런 능력이 있다. 세상이 해줄 수 있는 약속이다.

이것이 진정한 인생이다. 진정한 인생은 도달할 수 없는 '영원'이라는 이상 속에 존재하는 것이 아니며, 시간이 지나면 사라지는 일시적인 만족감 같은 것도 아니다. 현재 우리 곁에 있는 것이 담고 있는 찬란함을 알아보고 감동하는 순간, 진정한 인생을 만날 수 있다. 보들레르는 이를 두 줄의 시로 기가 막히게 묘사했다.

햇살, 얼마나 아름다운가!
희망, 얼마나 깊은가! 심장, 얼마나 힘이 있는가! "

24 선한 모래알

세상에 아름다움을 더하는 용기

courage

내성적인 성격의 한 동료가 있다. 그녀는 경영진의 행동에 대해 자신이 어떻게 생각하는지 이야기한다. 그녀의 말에서 차분함과 단호함이 느껴진다. 그녀가 선택한 단어들은 완벽하고 확실하다. 사실 우리 모두 일이 진행되는 방식이 주먹구구식이라 화가 나는 것은 마찬가지인데, 무서워서 또는 비겁해서 침묵을 지키고 있다.

"앞으로도 양심적으로 계속 맡은 일을 해나갈 겁니다." 그녀가 대표이사에게 힘주어 말했다. 평소에는 큰 존재감이 없는 동료였다. "만일 거짓말과 무심함으로 군림하시고 싶다면 저도 더 이상 대표님을 존중하지 않겠습니다." 이런 용기야말로 찬란함이다. 선한 일을 할 때마다 세상에 아름다움이 더해진다. 우리에게 마음의 넉넉함이 있다는 증거다. 마음이 넉넉하면 이기적으로 자신에게만 관심을 쏟지는 않는다. 심지어 현재의 안락함을 뒤흔들 수도 있다. 이것 역시 초월성이다. 뜨겁게 달아오르는 상태다. 선한 행동을 하는 사람은 성인과 같은 후광이나 영웅과 같은 서사는 없을지 몰라도 침묵을 거부하고 시선을 돌리는 대담함이 있다.

그렇다면 도덕이나 윤리란 무엇일까? 나 역시 많은 사람처럼 도덕과 윤리를 구분하지 않는다. 몸짓의 아름다움이라면 구분하지만 말이다. 몸짓의 아름다움은 존경받고 칭찬받고 보상받기 위해 하는 행동이 아니다. 계산하지 않고 주저하지 않는 용기다. 대담하고 굽히지 않는 사람, "아니, 그건 안 돼", "아뇨, 타협하지 않겠습니다"라고 말하는 사람이 아름답다.

자기 자신에게 이런 질문을 던질 수 있다. "선은 상대적인가, 문화적인가?" 교육, 시대, 사회에 따라 대답은 다르지만, 한 가지 확실한 사실은 있다. 악은 언제나 비겁함의 결과라는 것이다. 우리는 자신이 비겁하지 않다고 느끼기 위해 "몰랐다", "그럴 생각은 아니었다", "오해다" 등 각종 핑계를 만들어낸다. 이와는 반대로 선은 용기다. 용기는 자신의 욕망, 침묵, 마음을 뛰어넘게 하는 추진력이다. 내 동료가 좋은 예다. 그녀는 매우 차분하고 신중하게 확고한 거절 의사를 밝힐 줄 알았다. 선을 행하면 상황을 복잡하게 만든다. 적당히 돌려서 행동하는 것이 나을 수도 있는데, 선한 행동으로 번거로운 상황이 계속된다면 더욱 난감해진다. 잘못된 것을 알아도 그대로 놔두면 복잡한 상황이 발생할 일이 줄어들기도 한다. 악을 행하는 것은 단순히 유혹에 넘어가서가 아니다. 쉬운 길을 가려는 성향이 강해서다.

용기는 언제나 이런 비겁함을 극복하는 행동이다. 다른 사람들이 별로 관심이 없어도 선을 위해 결정하는 행동이다. 결국 선하게 행동하는 것은 성격이나 본성과는 관계없다. 본성이 선하냐 악하냐의 문제가 아니라, 굳이 위험을 감수할 것인가 하지 않을 것인가 하는 태도의 문제다. 그냥 아무것도 안 하고 싶은 사람들이 있고, 위험을 무릅쓰려고 했던 사람들도 있다. 중요한 것은 각자 다른 결정을 했다는 사실이다.

정의를 요구하고 나아가 정의를 회복하는 사람에게는 찬란한 빛이 있다. 이는 과시하려는 허세가 아니다. 반대로 꼭 해야 하는 일이어서 했을 뿐이라는 겸손이다. 정의를 요구하고 회복하는 일은 스스로 꼭 필요한 일이라 생각해 하는 것이라 그 어떤 영광도 얻지 못한다. 다른 사람들이 선호한다고 해도 그대로 놔둘 수는 없다고 생각하는 태도이기 때문이다. 몸짓의 아름다움은 넘치지 않는다. 넘치면 허영이 된다. 몸짓의 아름다움은 모자라지 않는다. 모자라면 공모가 된다.

단 하나의 선행이 세상을 우아하고 아름답게 만든다. 선행은 희생도 아니고, 요란한 자랑도 아니다. 올바른 행동은 모래 한 알에 불과하다. 역사학자 장피에르 베르낭이 이야기한 것처럼, 올바른 행동은 굴복해 따르지 않겠다는 신중한 거부다. 그는 레지스탕스로 살아온 여정을 돌아보면서 이렇게 말했다. "진정한 용기는 포기하지 않는 마음이다. 묵직한 기계가 되기보다는 모래알이 되는 것이 낫다. 무거운 기계는 지나가면서 모든 것을 압도할 수는 있어도 모래알은 절대 부수지 못한다."[12] 우리는 어떤 자부심을 간직하고 있을까? 우리가 가는 여정을 그냥 지나치지 않을 수 있는 능력이 우리의 가치가 아닐까? 그렇지 않다면 우리가 가치 있게 생각하는 것은 무엇일까? 세상은 아름답다. 우리가 용감하게 성취할 수 있을 때 세상은 아름다워진다.

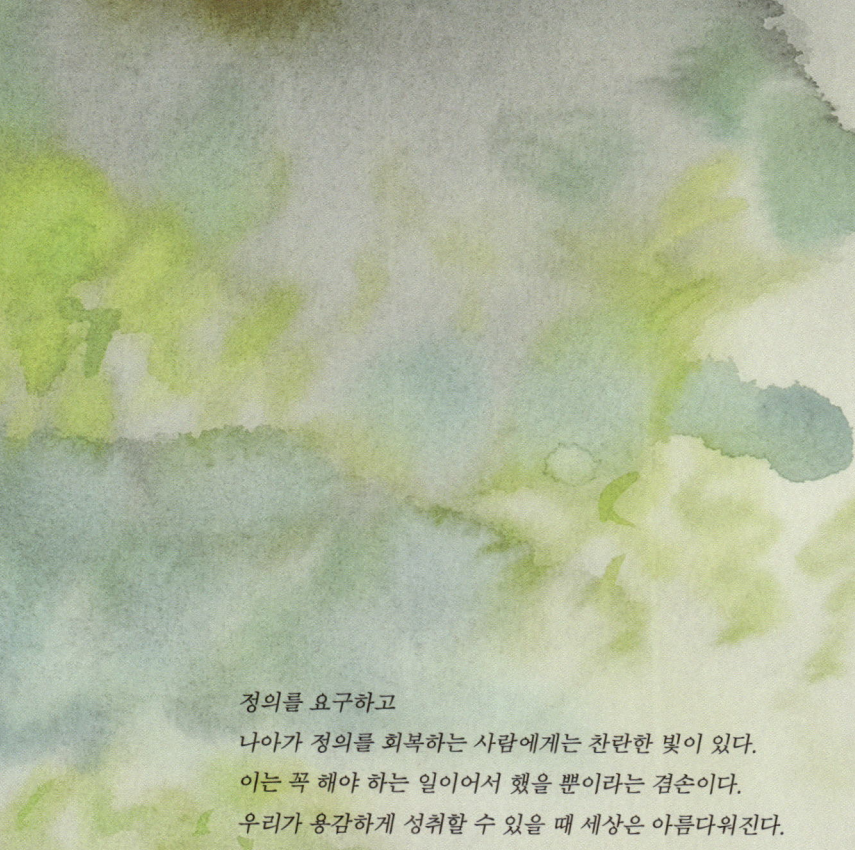

정의를 요구하고
나아가 정의를 회복하는 사람에게는 찬란한 빛이 있다.
이는 꼭 해야 하는 일이어서 했을 뿐이라는 겸손이다.
우리가 용감하게 성취할 수 있을 때 세상은 아름다워진다.

㉕ 여름밤의 향기

우리의 가능한 행복

soir d'été

남인도양의 케르겔렌제도나 파타고니아로 가기 위해 배를 타는 사람들이 있다. 나는 여름밤의 공기만 마시면 그것으로 만족한다. 나의 마음을 빼앗고 강렬한 해방감을 선사하는 것은 찬란함이다. 자유가 무엇인지 정의를 내리기는 어렵지만, 우리는 모두 어디에 있든 어느 정도 선택에서 제약을 받거나 다른 사람들로부터 선택을 강요받는다. 그렇지 않은가? 직업이든 하루 일과든 인간관계든 우리는 시작한 것을 계속할 의무가 있지 않은가? 반대로 해방은 무거운 짐을 벗어버리고 해로운 것으로부터 자유로워져 치유된 상태를 경험하는 것이다. 해방이 무엇인지는 확실히 알고 있다.

아름다움에 감동하면 마음이 자유로워진다. 내가 얼마나 압박을 받았고, 얼마나 참고 견디며 노력하느라 애썼는지 깨닫는다. "아름답다"고 말한 것만으로도 마음이 편안해진다. 아름다움은 평온을 가져다준다. 그 순간, 나는 더 이상 투쟁하지 않는다. 내가 존재한다는 것에, 그저 숨을 쉬는 것만으로도 만족한다. 익명의 사람들이 보내는 명령이 마침내 잠잠해진다. '이렇게 했으면 좋겠고, 이런 것을 얻었으면 좋겠다', '이 부분은 키우고 저 부분은 줄였으면 좋겠다' 하는 기대와 잔소리가 줄어든다. 이제 내가 보는 것에 자유롭게 기뻐할 수 있다. 나는 왔다 갔다 하고 동의하고 복종하는 것을 그만둔다.

따뜻하고 가벼워진 생명이 혈관을 타고 다시 돌아다닌다. 모든 것이 평온하고, 해방감이 느껴진다. 아름다움을 생각하면 휴식하는 것처럼 편안하면서도 뜨겁게 흥분이 되다니 이상한 일이다. 측정할 수 있는 기분 좋음이다. 마치 날개를 얻은 것 같다. 나는 이렇게 살아가야 하는 사람이었다. 편안함과 흥분을 동시에 느끼면서 살아가는 삶 말이다. 목적지에 도달한 기분이다. 오랫동안 수많은 방해를 받으며 멀리 돌아와 무사히 도착한 기분이다.

아름다움과 만나 즉각 해방감을 느끼게 해주는 대상은 해가 지는 풍경이 아니다. 그보다는 무더운 낮이 지나가고 어두워지는 시간이다. 강렬한 햇빛이 내리쬐던 낮이 지나고 찾아오는 그림자, 경쾌한 타악기 소리 같은 귀뚜라미의 울음소리, 하늘에 가장 먼저 뜬 별들, 느리게 움직이는 만물, 이 모든 것이 평화와 아름다움을 함께 만들어내는 강력한 요소들이다. 나에게 행복이란 여름밤의 향기다.

여름밤의 향기를 맡으면 정말 행복해진다. 세상과 내가 하나가 되는 기분이 든다. 세상은 내가 원하는 것을 주고, 나도 세상이 주는 것을 원한다. 하지만 세상이 나의 뜻에 무관심하고 귀를 기울이지 않는 것처럼 느껴질 때가 있다. 그럴 때면 벨벳처럼 부드럽게 느껴지는 저녁에 세상과 하나가 되고 싶다. 그러면 세상이 "네가 있어서 좋다"라고 말하는 것 같다.

이렇게 세상에서 인정받고 받아들여지는 것 같아서 깊은 감동과 위로를 받는다. 저녁이 다가오며 나에게 손을 내민다. 저녁은 마음속에 오래 간직했던 고통을 어느새 가라앉혀준다. 아름다움은 해방으로 이끌어주는 가장 강력한 요소다.

사람들은 나를 서정적인 사람으로 보곤 하는데, 사

실 아름다움을 감상하려면 서정적인 감성이 필요하다. 숭고함을 그리는 화가로 알려진 카스파어 다비트 프리드리히처럼 "나를 둘러싼 존재에 빠져들어야 한다. 나라는 존재가 되기 위해서는 나 자신을 주변의 구름과 바위로 봐야 한다"[13]라는 말을 하려면 말이다.

알제리 아하가르의 밤, 시베리아의 숲, 몽골의 평야에서 밤을 감상하는 사람들이 있다. 그러니 저녁이 오는 것이 그렇게 대단한 일이냐고 말하는 사람들이 있을지도 모르겠다. 하지만 찬란함이 꼭 먼 곳에만 있는 것은 아니다. 내가 사는 곳은 자연이 없는 도시다. 풍경을 보는 시간보다 모니터 앞에 있는 시간이 더 많다. 하지만 저녁이 되면 우리 집 창문 뒤에 세상이 존재함을 문득 깨닫는다. 살아 있는 모든 것에 주의를 기울이고 함께해야겠다는 생각을 다시 하게 된다. 귀뚜라미들이 신호를 보내는 듯 찌르르 운다. 귀뚜라미들이 이런 경고를 하는 것 같다. "보는 것을 잊지 마."

지금 이 순간 내가 누구인지, 어디로 가고 있는지, 후회하고 있거나 틀렸는지는 별로 중요하지 않다. 내가 존재하고 세상이 존재한다. 그것이면 충분하다. 유쾌한 지혜와 비밀스러운 신념으로 가득 차 있는 느낌이다. 나는 슬픔이나 실망감이 무엇인지 잘 안다. 나의 욕망을 무력화하고 더 높이 오르지 못하게 방해하는 부정적인 감정이다. 바로 이러한 감정에 매몰되지 않게 영향력을 행사하는 존재가 아름다움이다. 아름다움의 영향력은 치유하는 힘이다. 아름다움은 단순한 보상이 아니다. 아름다움은 구속을 없애주고, 나에게 반경을 좁히지 않는 삶을 살아도 된다고 말해준다.

그렇기 때문에 우리는 어떤 식으로든 일상에 아름다움을 끌어오려고 노력한다. 마치 가구를 아름답게 꾸미기 위해 덮개를 키치 스타일로 골라 포인트를 주려는 것처럼 말이다. 실내장식에 특히 주목한다. 아름다움을 필요로 하는 우리의 욕구를 보여주고, 우리가 일상을 아름답게 하기 위해 기울이는 노력을 보여준다.

아름다움을 경험하면 삶의 가치를 떨어뜨린 모든 것과 맞서 싸워 이긴 것 같은 기분이 든다. 삶의 가치를 떨어뜨리는 요소로는 표준화, 소음, 불공정, 나무 없는 거리, 영혼 없는 도시 등이 있다. 아름다움을 경험하면 우수에 젖는다. 왜 내가 보낸 나날들은 이런 광채를 내지 못했을까? 하지만 일단 찬란함을 경험하면 행복은 가능하다는 것을 알게 된다. 나에게는 향기로운 여름밤이 행복이다. 마치 현실이 휴전에 동의한 것 같다. 자물쇠가 풀린다. 현실에서 느낀 씁쓸한 실망감이 조금은 사라진다.

도스토옙스키의 《백치》에 왕자가 사람들에게 조롱당하는 장면이 나온다. 왕자가 말하는 진실이 너무 감상적이기 때문이다. 누군가 왕자에게 놀리듯이 이렇게 묻는다. "왕자님, 언젠가 아름다움이 세상을 구할 것이라고 말씀하신 적이 있으시다고요?" 왕자가 미처 대답하기도 전에 그 사람은 조롱하듯이 말한다. "그런 재미있는 생각이라면, 사랑에 빠진 겁니다. 여러분, 왕자님은 사랑에 빠졌어요."[11] 물론 비웃을 수는 있지만, 세상의 모든 왕자들은 볼 줄 아는 사람들이다. 감성적인 영혼은 옳다. 살맛 나는 삶을 위해서는 아름다움과 적극 소통해야 한다.

지금 이 순간 내가 누구인지, 어디로 가고 있는지,
후회하고 있거나 틀렸는지는 별로 중요하지 않다.
내가 존재하고 세상이 존재한다.
그것이면 충분하다.

에필로그

몬테네그로에서의 다이빙

Épilogue

습하고 덥다. 이제 여름은 계절이 아니라 불덩어리다. 폭염은 모든 것을 늘어지게 만드는 질병 같다. 몬테네그로의 페라스트 근처에는 낡은 산업 시설이 방치된 곳이 있다. 그런데 여기에서 다이빙하는 젊은이들이 있다. 젊은이들에게서 활기가 느껴진다. 그들을 지켜보고 있는데, 그중 한 명이 주변 풍경이 흉하다며 일행에게 다른 곳에 가자고 한다. 여기저기 보이는 녹슨 시설들은 절망의 냄새를 풍긴다. 그래도 젊은이들은 행복해 보인다.

어쩌면 젊음은 모든 것을 이기는 강력한 무기인지도 모르겠다. 아니면 젊은이들에게는 푸르른 바다 위를 비추는 하얀 빛, 끈끈한 우정, 물기가 마른 피부 위에 지도와 해안선을 그려주는 바다의 소금기만 존재하기 때문일까? 젊은이들은 추함을 보지 못하는 것 같다. 추한 풍경은 이들이 살아가는 공간이기 때문이다. 이들 젊은이들은 세상을 살아가면서 필터도, 시도 필요하지 않다.

이들을 보니 돈키호테가 생각난다. 모험을 좋아하지만 매번 실패하는 영웅인 돈키호테는 구불구불한 평범한 시골길에서 성배로 이끌어주는 길을 발견했다. 돈키호테는 길 위에서 풀풀 나는 먼지를 황금으로 보았고, 자신의 삶을 운명으로 생각했다. 이 젊은이들도 낡고 망가진 것에는 관심이 없다. 이 세상을 사랑하려면 행복해할 줄 아는 특별한 기질이 필요할까? 모든 것에서 아름다움을 보려면 이상주의자가 되어야 할까? 만일 이상주의자가 된다는 것이 위대하고 순수한 것을 여전히 경험할 수 있다고 믿는 용기라면, 그렇다. 아름다움을 볼 줄 아는 능력은 이상주의라고 할 수 있다.

하지만 도덕이든 미학이든 추한 것은 무조건 보지 않는다는 뜻은 아니다. 절망하기란 너무 쉽다는 확신을 주는 것이다. 이상주의는 순진함도, 냉소도 허용하지 않는다. 이번 삶은 모든 것을 잃게 될 지옥도 아니고, 그 어떤 것도 지킬 필요가 없는 천국도 아니다. 이번 삶은 지옥과 천국 중간 그 어딘가에 놓여 있으며, 가끔 아름다움을 볼 수 있는 기회를 주기도 한다.

아름다움을 경험하는 일은 예술가나 탐험가처럼 소

수의 특별한 사람들만 누리는 전유물이 아니다. 아름다움은 누구나 볼 수 있는 구원이다. 이 세상이 우리에게 세상의 아름다움을 선물하는 이유는 단순히 위로해주기 위해서가 아니라 치유해주기 위해서다. 우리는 넘어졌다가도 다시 일어나고 쫓겨났다가도 돌아온다. 마침내 우리는 거대하고 엄숙하고 무한한 아름다움을 느끼는 만큼 존재한다.

나는 폐허 같은 풍경 한가운데에서 햇빛 아래 반짝이는 젊은이들을 바라본다. 그들은 뛰어오르고 큰소리로 외친 후 다이빙에 도전한다. 젊은이들은 유쾌한 거만함을 보이며 인사하듯이 다이빙한다. 젊은이들이 고개 숙여 인사하는 대상은 세상, 그리고 세상의 찬란함이다. 녹슨 설비들도, 추한 풍경도, 폭염도 퇴색시킬 수 없는 세상의 찬란함이다. 젊은이들도 나도 세상의 찬란함을 믿는다. 내일은 이 젊은이들과 함께 다이빙을 해야겠다.

감사의 말

이번 책을 출간해준 스톡 출판사에게 감사드린다. 처음부터 끝까지 지지해준 마뉘엘 카르카손, 샤를로트 브로시에, 멜리 첸에게 감사를 드린다. 변함없는 지지를 보내준 담당 편집자 상드라 몽로이와 기욤 요하네스, 소피 베를린에게도, 모니크 라브륑, 에마뉘엘라 스크리바노, 파올로 레오나르디에게도 감사의 인사를 전한다. 이분들이 없었다면 이탈리아 여행이 이토록 기억에 남지 못했을 것이다. 공간을 마련해준 가엘 비당에게 고맙다는 말을 하고 싶다. 부모님과 PG, 사랑하는 F. 비올레트, 사랑하는 N과 N에게 고맙다. 파스칼 마르텔리와 그의 가족, 세상에서 가장 아름다운 호텔에게도 감사한다.

그 누구도 대신할 수 없는 교열 담당 편집자 장 밥티스트 프로사르에게도 감사를 드리고 싶다.

이 외에도 많은 분에게 감사드린다. 철학자 질 들뢰즈의 문장으로 감사의 인사를 마무리하고자 한다. "철학은 어리석음이 자라지 못하게 막아준다. 철학이 없다면 어리석음은 커질 것이다. 이것이 철학의 찬란함이다."

찬란함을 더하는 이야기

프롤로그

† 오슬로 피오르. 총 길이 약 100킬로미터로, 노르웨이의 수도 오슬로를 배경으로 여러 섬이 흩어져 있다.

❶ 보는 행위

† 로히어르 판데르 베이던(Rogier van der Weyden, 1400?~1474). 네덜란드의 화가로, 대표작은 〈최후의 심판〉이다. 제단 뒤 장식화인 이 그림은 원래 아홉 개의 패널로 구성되어 있으며, 붉은 옷을 입은 그리스도가 주인공이다. 세계 최초의 자선병원으로 알려진 부르고뉴프랑슈콩테(Bourgogne-Franche-Comté)의 오스피스 드 본에 전시되었다. 그림 왼쪽 구석에 있는 '천국의 입구'에 주목하자.

❹ 스탕달 증후군

† 시글루퓌외르뒤르(Siglufjörður). 아이슬란드 최북단에 위치한

항구 마을로, 피오르의 끝에 위치한다. 10세기부터 사람들이 살았던 것으로 추정되며, 드라마 〈트랩트(Trapped)〉에 배경으로 등장해 유명해졌다.

† 산 미니아토 알 몬테(San Miniato al Monte). 피렌체의 언덕 위에 세워진 로마네스크 대성당으로, 250년경에 순교한 성 미니아토를 봉헌하기 위해 지어졌다. 성 미니아토 기념일은 10월 25일이다.

❺ 아름다움이라는 세계

† 유리스믹스(Eurythmics), 〈Love Is a Stranger〉. 1982년 발매된 밴드의 싱글로 이듬해 앨범 〈Sweet Dreams(Are Made of This)〉에 수록되었다.

† 요하네스 브람스(Johannes Brahms). 19세기 독일의 낭만주의 작곡가이자 피아니스트이자 지휘자. 〈독일 레퀴엠〉 Op. 45가 대표작이다.

† 〈과대망상(La Folie des grandeurs)〉. 1971년 개봉한 제라르 우리(Gérard Oury) 감독의 영화로, 빅토르 위고(Victor Hugo)의 〈뤼 블라스(Ruy Blas)〉를 각색한 것이다. 루이 드 퓌네스(Louis de Funès)와 이브 몽탕(Yves Montand)이 주연을 맡았다.

† 〈멀홀랜드 드라이브(Mulholland Drive)〉. 2001년에 개봉한 데이비드 린치(David Lynch) 감독의 영화로, 나오미 와츠(Naomi

Watts)가 주연을 맡았다.

† 슈베르트, 〈노투르노(Notturno)〉 D897, Op. 148, 피아노 삼중주 내림마장조 아다지오. 슈베르트가 말년에 작곡한 곡으로 알려져 있다. 내가 가장 좋아하는 버전은 피아니스트 라스 포크트(Lars Vogt), 첼리스트 탄야 테츨라프(Tanja Tetzlaff), 바이올리니스트 크리스티안 테츨라프(Christian Tetzlaff)가 2021년 함께 연주한 것이다.

† 칼라베시(Kallavesi). 핀란드의 대형 호수 중 하나로, 북부 사보니아에 위치한다. 쿠오피오시 주변을 둘러싼 호수다.

❼ 우리가 살아가는 땅
† 이사크 알베니스(Isaac Albéniz), 스페인 모음곡 1번, Op. 47, 아스투리아스(Asturias).

❽ 세상의 모든 해바라기
† 《미학 강의》. 헤겔의 1818년에서 1829년 사이에 개설된 강의를 정리한 것이다. 원하는 페이지를 자유롭게 읽어도 좋고, 여행 안내책자로도 활용할 수 있다.

† 〈해바라기〉. 고흐가 1887년에서 1889년 사이에 그린 연작 시리즈. 고흐의 이 그림은 런던 국립미술관, 뮌헨의 노이에 피나코텍 미술관, 필라델피아 미술관, 암스테르담의 반 고흐 박물관, 그리고 마지막으로 도쿄의 솜포 미술관에서 전시되었다.

† 글레낭(Glénan). 피니스테르의 가스코뉴만 브르타뉴 군도에 위치하며, 1947년에 요트 학교 '레 글레낭'이 설립되었다.

† 섹스 피스톨스(Sex Pistols). 1975년 영국에서 결성된 밴드로 펑크 밴드의 전설로 불린다. 보컬에 조니 로튼(Johnny Rotten), 기타에 스티브 존스(Steve Jones), 드럼에 폴 쿡(Paul Cook), 베이스에 글렌 매트록(Glen Matlock)으로 구성되었으며, 베이스는 이후 시드 비셔스(Sid Vicious)로 교체되었다. 활동 기간은 3년으로 유일한 정규 앨범 〈Never Mind the Bollocks〉와 네 개의 싱글을 발표했다.

❾ 시스티나 성모의 침묵

† 〈시스티나 성모〉. 1512년에 라파엘로가 그린 그림으로 독일 드레스덴 박물관에 전시되어 있다. 사람들은 주로 아기천사만 기억하지만, 신학의 교훈을 완벽하게 전달하는 작품이다. 사람들은 예수가 나타나기 전에는 신의 모습을 구체적으로 본 적이 없었다. 예수가 맡은 임무는 신의 모습을 드러내는 것(인간의 모습을 한 신으로 나타나는 것). 그래서 그림에 커튼이 올라가는 장면이 연출되어 있다.

❿ 아름다움이 나를 부를 때

† 피에르 르마르키(Pierre Lemarquis). 신경학자이자 신경생리학자로, 인간의 두뇌가 예술 작품을 보는 방법에 관한 연구에 주력했다.

⓫ 몽파르나스역의 칼새
† 칼새. 늘 하늘을 날고 절대로 착륙하지 않는 새로 몸무게가 약 40그램밖에 안 되는 작은 새다. 짝짓기, 먹고 마시기 등 모든 생활을 공중에서 해결하는데, 한쪽 눈을 감으면 그 방향의 두뇌는 잠이 들고, 반대 방향의 두뇌는 깨어 있다. 이런 식으로 공중에서 계속 비행하는 것이 가능하다.

† 몽파르나스(Montparnasse)역. 파리 14구와 15구에 위치한 곳으로 1840년 9월 10일에 개통했다. 풍경은 아름다움과 거리가 멀지만, 칼새들이 모이는 곳이다.

⓬ 팔레르모의 예배당
† 팔레르모(Palermo). 시칠리아 지방의 중심지로, 12세기경에 지어진 노르만 궁전 1층의 팔라티나 예배당으로 유명하다.

⓮ 타두삭의 고래
† 타두삭(Tadoussac). 주민 수가 1000명도 안 되는 작은 마을. 생로랑강과 사기네이강이 교차하는 지점에 있는 퀘벡 노스코스트 지역에 위치한다. 평화롭게 살아가는 고래를 관찰할 수 있다.

† 고래. 포유류. 조상은 육지 동물로 추정. 지느러미가 아니라 팔과 손을 가지고 있다. 흰긴수염고래는 지구상에서 가장 큰 동물이며, 무게는 75톤에서 130톤 사이로 코끼리 20여 마리의 무게와 맞먹는다. 고래의 역사와 상징을 알고 싶다면 미셸 파스투로(Michel Pastoureau)의 《고래(La Baleine)》를 참조하라.

† 표범. 장미꽃 무늬가 특징인 고양잇과 동물로, '사랑의 표범'이라는 별명을 갖고 있다. 자바와 아라비아의 표범들은 심각한 멸종 위기에 처해 있어서 현재 약 60마리밖에 남아 있지 않다. 세계에서 가장 빨리 멸종될 위험이 있는 고양잇과 동물이다.

ⓑ 찰나의 포착
† 코르시카(Corse). 나폴레옹 보나파르트의 고향.

ⓘ 관광객 도보 금지
† 포르토피노(Portofino). 이탈리아 제노바의 어촌 마을.

ⓘ 아일랜드의 나무 한 그루
† 애런제도(Aran Islands). 세 개의 바위섬으로 이루어진 제도로 아일랜드 서쪽 골웨이만에 위치한다. 시인이자 사진작가인 존 밀링턴 싱(John Millington Synge, 1871~1909)의 〈애런제도〉, 윌리엄 버틀러 예이츠(William Butler Yeats, 1865~1939)의 시, 니콜라 부비에의 《애런에서의 일기(Journal d'Aran)》에 등장한다.

† 외젠 들라크루아(Eugène Delacroix, 1798~1863). 낭만주의의 대표자로 통하는 프랑스 화가로, 릴의 보자르 궁전에 전시된 〈격노한 메데이아(Médée furieuse)〉가 대표작이다.

Brilliance Notebook
찬란함을 더하는 이야기

⑳ 베네치아 문제

† 베네치아(Venizia). 120개의 섬들이 다리로 연결되어 여섯 개의 구역으로 나뉜 도시를 이루고 있으며, 바다보다는 소금기가 덜한 석호의 물 위에 떠 있다. 원래는 아드리아만의 지저분한 습지였으나 6세기 말부터 훈족, 오스트로고트족, 롬바르드족의 침략으로 피난처로 이용되다가 계속 사람들이 살게 되었다. 현재는 인기 관광지 중 하나다.

† 카 도로(Ca' d'Oro). 베네치아의 카나레조 지역에 있는 궁전으로 대운하가 내려다보인다.

† 북극곰 또는 백곰. 북극에 서식하며, 지구상에서 가장 큰 육식동물이다. 지구 온난화로 삶의 터전인 빙하의 면적이 10년마다 10퍼센트 이상 감소 중이어서 이번 세기 말까지 멸종될 가능성이 큰 멸종위기종 중 하나다.

㉑ 호기심이 쌓은 섬

† 레오나르도 다빈치(Leonardo da Vinci, 1452~1519). 〈모나리자〉가 대표작. 초상화의 주인공 모나리자는 피렌체의 직물상인 프란체스코 델 조콘도(Francesco del Giocondo)의 아내로 '지오콘다'라는 별명으로 불렸다. 다빈치는 이 그림을 늘 소장했으며, 프랑수아 1세의 초청으로 앙부아즈성에 있는 클로뤼세성에서 말년을 보낼 때도 이 그림을 들고 갔다. 〈모나리자〉는 1911년 8월 21일 박물관에서 일하던 유리공에게 도난당한 적이 있었지만, 현재는 루브르박물관에 전시 중이다.

㉒ 가보지 않은 길
† 리스본(Lisboa). 페르난두 페소아가 살았고 가수 아나 모우라(Ana Moura)의 노래〈페소아에게 바치는 파두(Fado de Pessoa)〉를 들을 수 있는 포르투갈의 수도.

㉓ 마음의 태양
† 윌리엄 하비(William Harvey, 1578~1657). 의사이자 생리학자로 인체의 혈액 순환(폐와 전신)을 증명했다.

㉕ 여름밤의 향기
† 카스파어 다비트 프리드리히(Caspar David Friedrich, 1774~1840). 독일 낭만주의를 대표하는 화가. 베를린국립갤러리에서〈바닷가의 수도사(The Monk by the Sea)〉(1808~1810)를 감상할 수 있다.

에필로그
† 페라스트(Perast). 몬테네그로 코토르만에서 가장 오래된 마을로, 맞은편에는 물 위에 세워진 것처럼 보이는 '바위 위의 성모 예배당'이 있다.

† 돈키호테. 미겔 데 세르반테스(Miguel de Cervantes)의 소설《돈키호테》의 주인공. 마드리드에서 1605년과 1615년에 1부와 2부로 나뉘어 출간되었다.

찬란함을 더하는 작품들

† 귀스타브 플로베르　　《서신(Correspondance)》
† 다니엘 아라스　　《명화 속으로 떠나는 여섯 가지 모험》 《디테일 – 가까이에서 본 미술사를 위하여》《그림 속 대상(Le Sujet dans le tableau)》
† 모리스 메를로퐁티　　《눈과 마음》
† 미셸 드 몽테뉴　　《수상록》
† 샤를 보들레르　　《악의 꽃》
† 샤를 페펭　　《아름다움이 우리를 구원할 때》
† 아우구스티누스　　《고백록》
† 알랭 로제　　《풍경의 짧은 입문(Court traité du paysage)》
† 앙리 미쇼　　《에쿠아도르 여행기(Escuador, Journal de voyage)》
† 이마누엘 칸트　　《판단력비판》
† 이언 해킹　　《미치광이 여행자》

† 장자크 루소	《에밀》
† 존 듀이	《경험으로서의 예술》
† 콘스탄티노스 페트루 카바피스	〈이타카〉
† 테오도르 아도르노	《미니마 모랄리아》
† 프리드리히 니체	《차라투스트라는 이렇게 말했다》
† 피터르 브뤼헐	〈눈 속의 사냥꾼〉
† 하르트무트 로자	《불가용성(Unverfügbarkeit)》
† 한나 아렌트	《인간의 조건》《과거와 미래 사이》
† 헬렌 맥도널드	《메이블 이야기》《저녁의 비행》

주

1. 빈센트 반 고흐가 누이 빌러민에게 보낸 편지, 1890년 6월 5일 목요일, 오베르 쉬르 우아즈, 반 고흐 박물관과 호이겐스 연구소, www.vangoghletters.org.
2. 발터 베냐민 《기술복제시대의 예술 작품》.
3. 영화 〈빌리 엘리어트〉, 스티븐 돌드리 감독, 제이미 벨 주연의 영국 영화.
4. 스탕달 《로마, 나폴리, 피렌체》.
5. 위의 책.
6. 위의 책.
7. 위의 책.
8. 아르튀르 랭보 〈취한 배〉.
9. 샤를 보들레르 〈상응〉.
10. 블레즈 파스칼 《팡세》.
11. 다니엘 아라스 《서양미술사의 재발견》.
12. 위의 책.

13. 위의 책.
14. 르네 데카르트 《성찰》.
15. 프리드리히 니체 《우상의 황혼》.
16. 시몬 베유 《신의 사랑에 관한 무질서한 생각들》.
17. 니콜라 부비에 《물고기 – 전갈》.
18. 위의 책.
19. 니콜라 부비에 《세상의 용도》.
20. 피터 매티슨 《신의 산으로 떠난 여행》.
21. 위의 책.
22. 앙리 미쇼 《모서리 기둥(Poteaux d'angle)》.
23. 조지프 러디어드 키플링 《여행 편지(Letters of Travel)》.
24. 위의 책.
25. 조지프 러디어드 키플링 〈탐험가(The explorer)〉.
26. 레이 브래드버리 《화씨 451》.
27. 외젠 들라크루아 《일기(Journal)》.
28. 귀스타브 플로베르 〈11월(Novembre)〉.
29. 요한복음 20:15.
30. 알베르 카뮈 《결혼·여름》.
31. 크레티앵 드 트루아 《그라알 이야기》.
32. 아우구스티누스 《고백록》.
33. 아르튀르 랭보 〈감각〉.
34. 페르난두 페소아 〈욕망(Desejo)〉.
35. 페르난두 페소아 《불안의 책》.
36. 페르난두 페소아 《바다의 시가(Ode Marítima)》.
37. 페르난두 페소아 《불안의 책》.

38. 월트 휘트먼 《풀잎》 중 〈나 자신의 노래〉.
39. 마르셀 프루스트 《잃어버린 시간을 찾아서》 중 〈갇힌 여인〉.
40. 미하이 칙센트미하이 《몰입의 즐거움》.
41. 샤를 보들레르 〈발코니〉.
42. 장 피에르 베르낭 《국경 횡단(La Traversée des frontières)》.
43. 《풍경: 자연이 보이는 창문(Paysage. Fenêtre sur la nature)》에서 인용.
44. 표도르 도스토옙스키 《백치》.

La Splendeur du monde
삶은 여전히 빛난다

삶은 여전히 빛난다

초판 1쇄 발행 2025년 7월 23일
초판 2쇄 발행 2025년 8월 6일

지은이 로랑스 드빌레르
옮긴이 이주영
펴낸이 최순영

출판2 본부장 박태근
지식교양 팀장 송두나
편집 박은경
교정교열 김진희
디자인 홍세연
그림 이고은

펴낸곳 ㈜위즈덤하우스 **출판등록** 2000년 5월 23일 제13-1071호
주소 서울특별시 마포구 양화로 19 합정오피스빌딩 17층
전화 02) 2179-5600 **홈페이지** www.wisdomhouse.co.kr

ISBN 979-11-7171-456-8 03100

- 이 책의 전부 또는 일부 내용을 재사용하려면 반드시 사전에 저작권자와 ㈜위즈덤하우스의 동의를 받아야 합니다.
- 인쇄·제작 및 유통상의 파본 도서는 구입하신 서점에서 바꿔드립니다.
- 책값은 뒤표지에 있습니다.

- 이 책은 주한 프랑스대사관 문화과의 세종 출판 번역 지원프로그램의 도움을 받아 출간되었습니다.

| AMBASSADE DE FRANCE EN RÉPUBLIQUE DE CORÉE | 주한 프랑스 대사관 문화과 | Cet ouvrage, publié dans le cadre du Programme d'aide à la Publication Sejong, a bénéficié du soutien de l'Institut français de Corée du Sud – Service culturel de l'Ambassade de France en République de Corée. |